고전의 숲

아주 오래된 서가에서 찾아낸 58가지 지혜의 씨앗

고전의 ★ 숲

김태완 지음

포레스트북스

아주 오래된 서가에서 발견한
오늘의 우리를 위한 지혜

기술 문명이 엄청 발전한 요즘도 사람들은 이야기를 좋아합니다. 이야기를 좋아하는 것은 사람만의 고유한 본능인가 합니다. 우리는 이야기를 통해 옛 사람들의 삶을 되돌아보고 타인의 삶도 들여다봅니다. 그리하여 살아가는 지혜를 배웁니다. 또 이야기를 들으며 기쁨을 느끼고, 슬픔을 삭이고, 희망을 갖고, 좌절을 이겨냅니다. 그러니 이야기를 하는 데서 곧 '사람다움'을 찾을 수 있는 셈이지요.

현대 사회는 기술 문명이 엄청 발달하여서 옛사람은 상상도 할 수 없을 만큼 우리 삶과 기계 기술이 서로 얽혀 있습니다. 의식주는 물론 일상생활 전반의 모든 영역에서 기계 없이 살아갈 수 없게 되었지요. 어린이의 놀이나 어른의 오락까지도 모두 컴퓨터를 기반으로 한 기계가 바탕이 됩니다. 옛날에는 자연에서 놀잇감이나 놀이 방법 등을 찾았는데 이제는 컴퓨터가 모든 놀이를 만들어내고 모든 인간이 컴퓨터 안에서 놀게 되었습니다.

그런데 컴퓨터와 이야기 사이에 무슨 관련이 있느냐고요? 옛날 이야기 속 호랑이, 토끼, 지네, 뱀, 도깨비와 귀신 등이 모두 과거 사람들이 살던 집과 들판과 산에 있었으나 요즘은 이들마저도 컴퓨터 게임에 등장하게 되었단 뜻이지요. 그런 게임 속에도 나름의 이야기가 있고 또 플레이어들이 이야기를 만들어가기도 합니다. 기술 문명이 최고로 발달한 현대 사회에서도 여전히 사람들은 이야기를 지어내고 또 듣고 읽는 셈입니다.

지금 제가 여러분과 나누려는 이야기는 '동양 고전'에서 가져온 것입니다. 고전은 수천 년 오랜 세월 인류의 문화를 가꾸어온 책을 말합니다. 꼭 책만 가리키는 것은 아닙니다. 그림, 음악처럼 사람들에게 기쁨을 주고, 삶의 의미를 찾게 하고, 품위를 높여주는 지혜를 담은 모든 인류 문화의 결정체가 곧 고전입니다. 사람들은 고전 작품을 읽고, 고전 음악을 듣고, 고전 미술품을 감상함으로써 더 가치 있는 삶을 만들 수 있습니다.

사실 고전이라는 말을 들으면 어떤 생각이 먼저 떠오르나요? 고리타분하다는 생각? 낡은 골동품이라는 생각? 혹은 뭔가 있어 보이고 폼 나며 대단해 보이는 것, 그렇지만 가까이하기에는 부담스러운 것? 다 맞는 말입니다. 고전은 이런 여러 생각과 평이 다 들어맞는 책이며 음악이고 그림입니다.

제가 소개하려는 고전은 멀게는 수천 년 전에서 가깝게는 수백 년 전 중국의 현자들이 들려주는 이야기입니다. 수천 년 전, 중국은 크고 작은 여러 나라가 서로 강국이 되려고 싸우던 시대였습니다. 그래서 사람들은 오랫동안 전란에 시달리며 사람이 사람답게 살 수 있는 사회를 꿈꾸었고, 서로 돕고 사랑하면서 살기를 바랐습니다. 이렇게 오랜 세월을 두고 통합과 분열이 되풀이되면서 역사가 흘러갔는데 문제는 나라 간 통합이 이루어져도 시간이 지나면 분열이 일어나거나 외적이 쳐들어와서 결국 나라가 쪼개졌습니다. 혹은 분열이 오래 지속되면 강대한 한 나라로 통합하려는 전쟁이 장기간 벌어져서 인민이 말할 수 없는 고통을 겪었습니다.

이렇게 분열과 통합이 시소처럼 오르락내리락하는 역사가 이어지면서 사람들은 살아남기 위해 온갖 꾀를 짜내고 지혜를 계발하였습니다. 현자들은 무너지고 거덜난 사회를 다시 일으

켜 세우기 위해 인민을 구제하거나 희망을 갖도록 가르치고, 군주에게는 개인의 욕망을 줄이고 공동을 위해 권력을 사용하도록 설득하였습니다. 그러한 가르침의 결정이 바로 동양의 수많은 고전 문헌입니다. 그런데 이런 고전 문헌에 들어 있는 수많은 지혜의 가르침은 이야기 형식, 동화와 우화의 형식을 띄고 있는 것이 아주 많습니다.

왜 이야기일까요? 이는 동식물이나 특정 인물을 주인공으로 하여 우리 삶에 꼭 필요한 교훈을 빗대어 표현한 것입니다. 일단 전달하려는 내용이 어렵거나 깊이가 있으면 듣는 사람이 잘 알아듣지 못할 수 있습니다. 그럴 때 이야기라는 형식을 통해 전하면 듣는 사람이 마음속에 구체적 형상을 떠올리게 됩니다. 예를 들어 형제 간에 우애가 있어야 한다는 가르침을 직접적인 말이나 글로 전달하기보다 흥부와 놀부 같은 이야기로 들으면 누구나 형제 간에 우애가 있어야 한다는 교훈을 절로 얻게 되지요. 바로 가르침을 전달하는 것보다 스스로 깨닫게 만드는 것이 더 효과가 크답니다. 그래서 옛날 현자들도 자기가 갈고 닦은 지혜를 이야기 형태로 전달했습니다. 이는 동서고금 두루 통하는 방식입니다.

지금 우리가 들어가 보려는 『고전의 숲』도 바로 이야기의 숲입니다. 숲을 거닐다 보면 나무, 꽃, 벌과 나비를 보고 새의 노랫소리를 들을 수 있듯이 고전의 숲을 거닐다 보면 수많은 현자들의 지혜로운 이야기를 자연스럽게 들을 수 있을 것입니다.

　고전은 오랜 세월을 견디어 낸 인류 문화의 꽃입니다. 사람들은 아득한 옛날부터 지금까지 먹고, 입고, 집을 지어서 부모와 형제가 함께 어울려 살아왔습니다. 살아가는 방식은 시대나 나라, 지역마다 다르지만 서로 믿고, 사랑하며, 의지하고, 어울려 살아가는 삶의 이치는 아득한 옛날이나 지금이나 똑같습니다. 사랑하면서도 미워하고, 의지하면서도 멀어지고, 슬픔과 기쁨을 함께 나누며 그렇게 살아갑니다. 그런 가운데 어려운 일, 슬픈 일, 혼자서는 도저히 풀 수 없는 시험 같은 일을 마주하게 되면 누구나 길을 잃게 되고 어쩔 줄을 모릅니다. 이럴 때 경험이 많고 지혜로운 사람이 귀띔을 해주면 문제를 해결할 실마리를 얻을 수 있습니다. 그러나 지혜로운 사람이 늘 우리 곁에 있는 것은 아니지요. 그런 사람이 가까이 없을 때 우리가 지혜를 얻는 길은 바로 고전에 있습니다. 고전은 오랜 세월 인류의 역사와 함께 이어지면서 사람들이 문제에 부딪힐 때마다 삶의 지침을 알려주었기 때문입니다.

　고전은 아주 오래된 낡은 책이지만 (그리고 그림이나 음악이지만) 시대마다 새롭게 읽히고 새롭게 지혜의 빛을 비춰줍니다. 그리하여 우리는 오늘도 고전을 꺼내드는 것입니다. 고전을 읽을 때 가장 중요한 자세는 바로 '오늘 여기서 내가' 읽는다는 마음을 가져야 한다는 것입니다. 고전은 모든 사람을 위해 남긴 교훈이지만 실은 바로 '오늘 여기의 나를' 위해 남겨준 교훈인 것입니다. 그리고 내가 오늘 여기서 내 눈으로 읽음으로써 고전을 토대로 새로운 지혜를 얻어서 더 나은 삶을 살고, 또 인류의 문화에 지혜를 하나 더할 수 있는 것입니다. 따라서 『고전의 숲』은 모든 사람을 위한 책이면서 동시에 바로 나를 위한 책입니다.

　끝으로 원고 상태에서 먼저 읽고 느낌을 전해주어서 더 좋은 책을 만들 수 있게 도와준 강정욱, 강서호 군에게 고마운 마음을 전합니다.

광주 무등산 아래 二不齋에서

김태완 씀

···차례···

내가 아는 것이 세상의 전부가 아니에요

행복과 불행, 어쩌면 종이 한 장 차이일지도

눈앞의 이익만 좇는 어리석음을 경계해요

흔들리는 건 바람도, 깃발도 아니랍니다

좋은 사람 곁에 좋은 사람이 모여요

첫 번째 숲

내가 아는 것이 세상의 전부가 아니에요

뱃전에 금을 새기고
칼을 찾다

옛날에 초나라의 어떤 사내가 배를 타고 강을 건너다 실수로 허리에 차고 있던 칼을 물에 빠뜨리고 말았습니다. 그는 제 딴에는 좋은 꾀를 냈다고 생각했는지 칼을 떨어뜨린 뱃전에 얼른 금을 그어서 표시를 해두고는 태연한 모습을 보였습니다.

그 모습을 본 배를 타고 있던 사람들이 이상한 생각이 들어서 사내에게 물어보았습니다. "칼은 물에 빠뜨리고서 왜 뱃전에 금을 긋는 겁니까?"

사내가 대답했습니다. "아! 이거요? 아주 중요한 표시입니다. 칼을 이 위치에서 빠뜨렸거든요."

이 말을 들은 사람들은 모두 어안이 벙벙하여 아무 말도 못하고 입을 다물었습니다.

잠시 뒤, 배가 건너편 기슭에 닿았습니다. 사내는 배에 표시를 해둔 곳을 보고 물속으로 들어가서 칼을 찾았습니다. 하지만 아무리 물속을 헤집고 다녀도 찾을 수가 없었습니다.

깊숙이 뿌리박힌
고정관념의 무서움

왜 이 사내는 뱃전에 그어둔 금의 위치를 따라 물속에 들어가서 칼을 찾으려고 했을까요? 배는 움직이지만 칼은 배를 따라 움직일 수 없으므로 뱃전의 흘수선(배가 물 위에 떠 있을 때 수면에 닿는 부분)에 새겨둔 표시를 보고서는 절대로 칼을 찾을 수 없다는 사실을 몰랐기 때문입니다.

물을 따라 흘러가는 배 위에서 실수로 물건을 빠뜨렸을 때, 흘수선을 따라 배에 금을 그어 놓고 배가 부두나 기슭에 닿은 뒤 그 금을 보고 물에 들어간다고 해서 잃어버린 물건을 찾을 수 있을까요? 그럴 수 없다는 것은 어린아이라도 잘 알겠지요. 배를 생전 처음 타 보는 사람이라도 상식이 있다면 이렇게 어리석은 짓을 하지는 않을 터입니다.

　이 이야기에서 유래한 각주구검刻舟求劍이라는 고사성어는 주관적인 편견, 낡은 선입관, 허황한 미신 따위에 사로잡혀서 현실의 변화를 반영할 줄 모르는 사람을 가리키는 말입니다. 현실은 빨리 변화하는데 이에 적절하게 대응하지 못하고 낡은 사고방식을 고집하는 사람은 마치 강물을 따라 흘러가는 배에 금을 그어놓고 물에 빠뜨린 칼을 찾겠다고 하는 초나라 사람과 같다는 것입니다. 그러나 뱃전에 표시해둔 것은 눈에 띄기라도 하지만 머릿속에 뿌리박힌 고정관념은 눈에 띄지도 않습니다. 변화하는 현실을 따르지 못하고 고정관념에 사로잡혀 있는 사람이 우리 주변에 얼마나 많은가요?

곽나라의 폐허

옛날에 제나라의 임금인 환공이 들로 사냥을 나갔다가 이미 망해서 폐허가 된 곽나라의 성터를 보고는 그곳 마을 사람에게 물었습니다. "이곳은 웬 폐허인가?"

마을 사람이 대답했습니다. "곽나라의 폐허입니다."

"곽나라의 성이 어찌하여 폐허가 되었는가?"

"곽나라는 선을 좋아하고 악을 미워했기 때문에 폐허가 되었습니다."

"선을 좋아하고 악을 미워한 것은 잘한 일인데 그 때문에 폐허가 되었다니 이해할 수 없군."

마을 사람이 다음과 같이 대답했습니다. "선을 좋아하기는 했으나 실행에 옮기지 못하고 악을 미워하기는 했으나 제거하지 못했지요. 그 때문에 나라가 망해서 폐허만 남은 것입니다."

그의 대답에 감동을 받은 환공은 궁궐로 돌아와 재상인 관중에게 곽나라 폐허에서 보고 들은 일을 말해주었습니다. 관중이 물었습니다. "참으로 귀중한 말을 해준 그 사람은 도대체 어떤 사람입니까?"

환공이 대답했습니다. "어떤 사람인지 모르겠소."

관중이 말했습니다. "임금님도 조심하셔야 합니다. 임금님 또한 곽나라 임금처럼 될 수 있습니다."

이 말에 깊은 깨달음을 얻은 환공은 그 마을 사람을 불러서 큰 상을 내렸습니다.

말보다
실천이 중요하다

곽나라 폐허 근처에 사는 마을 사람의 말은 간단하지만 깊이가 있습니다. 곽나라의 임금은 선을 좋아하고 악을 미워한다는 명분만 내세웠을 뿐 정작 실천에 옮기지 못했습니다. 선을 좋아한다면 착한 일을 힘써 실천해야 하고 악을 미워한다면 단호하게 뿌리 뽑아야 합니다. 특히 한 나라의 지도자에게는 이런 결단력이 필요합니다.

관중이 환공에게 건넨 충고는 오늘날 어느 나라의 지도자에게나 다 해당합니다. 사실 나라의 지도자뿐만 아니라 한 단체나 조직의 우두머리에게도 반드시 필요한 교훈입니다. 그리고 한 사람이 본인의 삶을 살아갈 때도 자기 인격을 닦아가기 위해서 늘 마음에 새겨야 할 가르침입니다.

인재를
천거할 때는

진나라의 임금 평공이 기황양에게 물었습니다. "남양현에 현령 자리가 비었소. 그대가 보기에 누가 이 자리를 맡을 만하오?"

기황양이 조금도 주저하지 않고 대답했습니다. "해호라면 잘해낼 수 있을 것입니다."

왕이 놀라서 물었습니다. "그는 그대의 원수가 아니오?"

기황양이 대답했습니다. "임금님께서는 누가 적임자인가를 물으셨지, 제 원수가 누구인가를 물으신 것은 아니잖습니까?"

그래서 진평공은 해호를 남양 현령으로 삼았습니다. 과연 해호는 백성을 열심히 가르치고 격려하여서 폐정(바르지 못한 해로운 정치)을 단번에 없앴으므로 남양 땅이 평화로워졌으며 칭송이 자자했습니다.

그 후, 오래지 않아 진평공이 또 기황양에게 물었습니다. "조정에 법관 자리가 비었소. 누가 적당하다고 생각하시오?"

기황양이 대답했습니다. "기오라면 잘해낼 것입니다."

평공은 이상한 생각이 들어서 말했습니다. "기오는 그대의 아들이 아니오? 그대가 아들을 추천하다니 두고두고 남의 입에 오르내리게 될까 걱정이오."

기황양이 대답했습니다. "임금님께서는 누가 법관을 맡을 만한가를 물으셨지, 기오가 제 아들인가 아닌가 하는 사실을 물으신 것은 아니잖습니까?"

과연 법관이 된 기오는 신중하게 법을 집행하여서 나라에 해로움을 제거하고 이익을 끼쳐서 백성의 칭송을 받았습니다.

공자가 이 말을 듣고서 다음과 같이 칭찬했습니다. "그렇다. 기황양은 인재를 천거할 때 밖으로는 자기 원수도 피하지 않았고 안으로는 자기 자식도 꺼리지 않았으니 정말로 공평무사 公平無私(공평하여 사사로움이 없음)하구나."

공정한 인사의 중요성

훌륭한 인재를 뽑아 적재적소에 배치하면 모든 일이 잘 풀린다는 뜻의 '인사人事가 만사萬事'라는 말은 조직을 관리하거나 나라를 다스릴 때, 언제 어느 때나 통하는 말입니다. 기황양은 공정한 대의를 기준으로 삼았기 때문에 인재를 천거할 것을 요청받고서 유능한 사람이라면 원수도 가리지 않았고 심지어 자기 아들도 개의치 않았습니다. 원수를 갚는 일은 사사로운 문제에 속하고 유능한 사람을 선발하는 일은 공적인 영역에 속하기 때문입니다. 기황양이 살았던 춘추전국시대에는 워낙 능력을 갖춘 사람이 많지 않아 이런 경우도 있었을 것입니다. 그러나 오늘날 인사를 담당한 사람이 실제로 자기 아들을 추천하면 누구나 의심을 하고 부당하다고 생각할 겁니다.

전근대 사회에서는 혈연·지연·학연 같은 사사로운 인간관계에 얽매어 앞에서 끌어주고 뒤에서 밀며 자기가 속한 무리의 기득권을 유지하고 확대하려고 했습니다. 본인이 알고 있는 사람, 조금이라도 관련이 있는 사람을 믿고 의지하려는 마음은 인간의 타고난 본능일 수도 있습니다. 다만 사사로운 인간관계가 공적인 영역에 끼어들면 반드시 부정부패가 그 사이에서 만연하게 됩니다.

조선 시대에는 상피相避라는 제도가 있었습니다. 가까운 친족 사이는 같은 관청이나 부서, 관직에 함께 임명하지 않는 제도입니다. 또 지방에 관리를 파견할 때에는 조금이라도 연고가 있는 곳에는 보내지 않았습니다. 이 제도는 인정에 의해 권력이 집중되거나 공권력의 기능이 문란해지는 것을 막아서 관료 체계의 객관성·공정성을 보장하기 위한 장치였습니다. 이런 제도적 장치가 있었기 때문에 전제 왕조의 사회에서도 그런대로 권력의 독점과 전횡(권세를 혼자 쥐고 마음대로 함)을 막고 견제를 하여서 정치의 객관성을 추구할 수 있었던 것입니다.

기황양이 대답한 방식도 주목할 필요가 있습니다. 진나라 평공은 남양의 현령으로 적임자가 누구인가, 후임 법관의 적임자가 누구인가를 물었습니다. 거기에 기황양은 꼭 맞는 사람을 바로 지적하여 대답하였습니다. 이처럼 문답이나 토론을 할 때는 상대방의 말을 정확하게 알아듣고 거기에 꼭 맞는 답을 해야 합니다. 전제로 삼은 말이나 비유 또는 은유를 맥락에 따라 파악하지 못한 채 실제 사실을 진술한 말로 여기고서 인신공격으로 받아들여서 물고 늘어지거나, 말꼬리를 잡거나, 상대방이 하지도 않은 말을 추측하고 그 의도를 넘겨짚기까지 해서 논박해서는 안 됩니다. 혹은 앞뒤 말을 자르고 이어 붙여서 자기가 원하는 논리로 만들어서 이를 비판하거나, 자기감정을 집어넣어서 성급하고 주관적인 판단으로 상대방을 밀어붙여서도 안 되지요. 그리고 말싸움에서 이겼다고 해서 상대방을 설복시킨 것은 아닙니다. 상대방의 말문을 막았다고 해서 진실을 차지하는 것도 아님을 명심해야 합니다.

양식이
떨어진 공자

정치적 포부를 펼치려고 많은 제자를 데리고 여러 나라를 두루 돌아다니다가 진나라와 채나라 사이에서 양식이 떨어진 공자는 이레 동안이나 나물국 한 모금도 제대로 마시지 못해 기운이 없어서 대낮인데도 누워 있었습니다.

수제자인 안회가 이를 보다 못해 나가서 좁쌀을 조금 얻어다가 밥을 지었습니다. 식사를 고대하며 목을 늘이고 기다리던 공자는 밥이 익어가는 냄새가 방문 틈으로 들어와 방 안에 슬슬 퍼지기 시작하자 슬며시 부엌을 넘겨다보았습니다. 그런데 안회가 솥뚜껑을 열고 주걱으로 뒤적이더니 밥을 한 주걱 떠서는 잠시 두리번거리다가 입에 넣는 것이 아니겠습니까?

점잖은 체면에 공자는 짐짓 못 본 체하고 있었습니다. 한참 뒤, 안회가 밥을 다 지어서 단정하게 공자에게 밥상을 갖다주었습니다. 공자가 일어나서 이렇게 말했습니다. "오늘 꿈에서 돌아가신 선친을 뵈었네. 이 밥이 깨끗하다면 제사를 지내고 싶구나."

안회가 말했습니다. "안 됩니다. 조금 전에 밥이 다 되었나 하고 솥뚜껑을 열었더니 천장에서 재가 솥 안으로 떨어져서 밥 위에 묻었습니다. 재를 걷어낸다고 걷어냈는데 그래도 밥알에서 묻어 나와서 그것을 집어내 버리기가 아까워 제가 먹었습니다. 이 밥은 깨끗하지 않습니다."

공자는 이 말을 듣고 감탄하여 이렇게 말했습니다. "내가 믿는 것은 눈이지만 눈도 완전히 믿을 수가 없구나. 내가 의지하는 것은 마음이지만 마음도 완전히 의지하기에는 부족하구나. 얘들아, 잘 기억해두어라. 한 사람을 이해한다는 게 얼마나 어려운가를."

확실한 진리에 이르기 위한 수단,
방법적 회의

세상에 정보가 많으면 많을수록 유언비어, 흑색선전, 황색 언론이 판을 쳐서 진상을 알지 못하도록 우리의 눈과 귀를 가리고 어지럽힙니다. 홍수처럼 쏟아지는 정보나 언론의 말을 덮어놓고 받아들이지 말고 객관적으로 분석하고 합리적으로 판단해야 합니다.

사람은 무언가를 알려면 일단 내 몸 바깥에 있는 사물이나 외부에서 일어나는 일을 보거나 들어야 합니다. 또 냄새를 맡고, 입으로 맛을 보고, 손이나 발과 살갗으로 느껴보아야 합니다. 이렇게 보고, 듣고, 맡고, 느껴서 생기는 느낌, 곧 감각이 '앎'의 재료가 됩니다. 앎은 무언가를 느낌으로써 시작됩니다. 그러나 눈이나 코, 귀와 같은 감각기관을 전적으로 믿을 수는 없습니다. 때로 감각기관은 우리를 속이기도 하기 때문입니다. 우리는 사물을 볼 때 자주 착각을 하게 되죠. 착시 현상도 흔히 겪습니다.

그래서 프랑스의 철학자 데카르트Rene Descartes는 확실하고 분명하게 알기 전에는 일단 의심을 해보아야 한다고 했습니다. 이런 방법을 이른바 '방법적 회의'라고 합니다. 무엇을 안다는 것은 의심 없이 정말로 옳게 아는 것이어야 합니다. 어슴푸레하게 혹은 긴가민가하게 안다면 참으로 아는 것이 아닙니다. 그러므로 참다운 앎으로 받아들이기 전에 내가 안 것이 정말로 사실인지, 확실한지 점검해보아야 합니다. 이렇게 무언가를 제대로 알기 위한 방법으로써 '의심'을 사용할 수 있습니다. 무조건 의심하는 것이 아니라 절대적으로 분명하고 확실한 출발점을 찾기 위해 털끝만큼이라도 의심스러운 것은 모두 의심해보는 것이지요. 그래서 데카르트는 마침내 의심하고 있는 내가 존재한다는 사실은 의심할 수 없음을 깨닫고 나의 생각하는 능력인 이성을 앎의 출발점으로 삼았습니다.

그 뒤, 독일의 철학자 칸트 Immanuel Kant는 인식(앎)을 능력과 재료로 나누어서 생각했습니다. 칸트는 인식을 오성悟性(이해하고 생각하는 인간의 타고난 능력)이 감각기관으로 들어오는 재료를 짜 맞추어서 이루어지는 과정이라고 보았습니다. 감각기관으로 들어오는 재료가 없으면 인식이 이루어지지 않습니다. 감각기관은 감각 대상을 직관적으로 받아들이기만 할 뿐 그것을 무엇이라고 판단하지는 못합니다. 그리고 오성은 감각된 대상을 짜 맞출 수는 있어도 느낌을 만들어내지는 못합니다. 이 두 가지가 서로 결합해야만 인식이 이루어집니다. 그래서 칸트는 "직관 없는 개념은 공허하고 개념 없는 직관은 맹목적이다"라고 했습니다. 감각기관으로 들어온 감각 재료 없이 오성의 구성 능력만 있어서는 알 수 없고 반대로 오성의 구성 없이 감각 재료만 있어서는 알 수 없습니다. 앎의 재료와 앎의 능력이 함께 작용해야 한다는 말입니다. 감각에서 출발하되 감각을 짜 맞추어야 올바르게 판단할 수 있습니다.

안회는 공자가 가장 사랑한 제자입니다. 때로는 아들보다 더 사랑하고 믿었습니다. 안회도 공자를 아버지처럼 믿고 따랐습니다. 이처럼 안회를 아들처럼 사랑했던 공자가 삶과 죽음이 왔다 갔다 하는 형편에 처하자 평소의 철석같은 믿음도 온데간데없이 사라지고 그의 행동만 보고서 덜컥 의심하고야 말았습니다. 사실 공자가 있는 자리에서 본다면 안회의 행동은 몰래 밥을 훔쳐 먹는 것으로 비칠 수도 있습니다. 그렇지만 평소 안회의 심성을 잘 알고 있었던 공자라면 한 번쯤 자기 판단을 의심해볼 수도 있었을 터입니다. 늘 자신을 아버지처럼 존경하고 따르던 제자가 평상시와 다른 행동을 했다면 반드시 무슨 까닭이 있었으리라 하고 말입니다.

또 솔직하게 안회의 행동을 나무라지 않고 의뭉스럽게 제사 핑계를 대다니 천하의 성인 공자가 어쩜 이리 치사한 모습을 보일까요! 물론 이 일은 실제 일어난 일인지 아닌지 정확히 알 수는 없습니다. 그러나 실제 일어난 일이라고 가정한다면 공자도 역시 한 사람의 나약한 인간이라는 진솔한 모습을 엿볼 수 있고 꾸며낸 일이라고 한다면 또 그만큼 교훈을 담은 이야기라 할 수 있겠습니다. 무슨 일이든 간에 내 눈으로 봤다고 해서 무턱대고 속단하지 말고 앞뒤 사정을 살피고 맥락을 따져 봐야 합니다.

수레몰이꾼과 사냥

진나라에 조간자라는 재상이 있었습니다. 하루는 총애하는 시종인 혜가 사냥을 하고 싶다고 해서 조간자는 왕량이라는 수레몰이꾼을 딸려서 사냥에 내보냈습니다.

옛날 중국에서는 수레를 타고 사냥을 했다고 합니다. 혜는 하루 종일 사냥을 했지만 짐승을 한 마리도 잡지 못했습니다. 풀이 죽어 돌아온 혜는 조간자에게 푸념을 늘어놓았습니다.

"왕량은 세상에 둘도 없이 무능한 수레몰이꾼이더군요. 짐승이 어디에서 잘 나타나는지도 알지 못하고 어쩌다 나타나면 형편 없이 수레를 몰아서 도무지 활을 쏠 수 없었습니다."

혜가 조간자에게 한 말을 누군가가 왕량에게 귀띔해주었습니다. 자존심이 상한 왕량은 혜를 찾아가 말했습니다. "다시 한 번 사냥을 해봅시다. 내가 수레를 잘 몰지 못해서 짐승을 한 마리도 잡지 못한 것인지 아니면 당신의 활 솜씨가 형편없어서 잡지 못한 것인지 알아봐야겠습니다."

혜는 아예 왕량을 상대해주지도 않았습니다. 그러자 왕량은 맹세를 했습니다. "이번에도 짐승을 한 마리도 못 잡는다면 내 목숨을 내놓겠소."

다시 사냥을 나간 두 사람은 한나절도 안 되어서 짐승을 열 마리나 잡았습니다. 기분이 좋아진 혜가 조간자에게 가서 보고했습니다. "세상에 이렇게 수레를 잘 모는 사람은 처음 봤습니다. 왕량은 대단한 수레몰이꾼입니다."

조간자가 말했습니다. "왕량을 너의 전속 수레몰이꾼으로 삼도록 하겠다. 왕량에게 내 뜻을 전하라."

왕량은 조간자의 말을 전해 듣고 거절하며 말했습니다. "나는 혜와 함께라면 수레를 타지 않겠습니다. 그 사람은 법대로 수레를 몰았더니 짐승을 한 마리도 잡지 못했습니다. 그래서 막다른 골목으로 짐승을 유인하고 그쪽으로 말을 몰았더니 이번에는 짐승을 열 마리나 잡았습니다. 눈앞에 맞닥뜨린 짐승을 잡는 것이 뭐 그리 대단하답니까? 예는 도대체 활을 쏠 줄 모르는 사람입니다."

떳떳한 방법으로
얻은 것만이 가치가 있다

"목적은 수단을 신성하게 만든다." 목적이 좋으면 어떤 수단을 쓰더라도 정당한 것이 된다는 말입니다. 어떤 일이든 간에 목적이 있고 이를 이루기 위한 방법과 수단이 존재합니다. 훌륭한 목적을 세우고 올바른 방법과 수단을 써서 일을 이루어낸다면 더할 나위 없이 좋겠지요. 그러나 올바른 방법과 수단을 착실하게 따라도 좋은 결과를 얻지 못하는 수가 많습니다. 그래서 흔히들 편법이나 불법을 써서라도 목적을 달성하고자 하는 유혹에 빠집니다.

많은 사람이 타인이 이루어놓은 결과만 볼 뿐 그 결과를 얻기까지 그 사람이 쏟은 노력이나 밟아온 과정, 이용한 수단은 생각하지 않습니다. 가끔 답안지를 훔쳐서 시험을 보아 갑자기 아주 좋은 성적을 거두었다거나 불법과 편법을 써서 돈을 많이 벌었다는 옳지 않은 사례가 뉴스에 나오기도 합니다. 이처럼 '모로 가도 서울만 가면 된다'는 식으로 결과만 좋으면 다 좋다, 어떻게든 성공만 하면 남들이 우러러본다 하고 수단과 방법을 가리지 않고 목적만 향해 달려들다가 결국 이웃과 사회에 엄청난 문제를 일으키고 맙니다.

목적이 아무리 훌륭하고 결과에 근접했다 해도 그 일을 해나가는 방법이나 수단이 옳지 않다면 좋은 평가를 받을 수 없습니다. 그리고 정당하지 않은 방법, 옳지 못한 수단으로 거둔 성공은 결코 오래 갈 수 없습니다.

기나라 사람의
근심

옛날 중국에 기杞라고 하는 작은 나라에 온종일 터무니없는 생각만 하는 사람이 있었습니다. 하루는 문득 하늘이 무너져서 내려앉고 땅이 꺼져서 몸 둘 곳이 없어질 수도 있겠다는 생각이 들었습니다. 생각할수록 걱정이 되어서 마침내 밥을 먹어도 걱정, 잠자리에 누워도 걱정으로 근심이 머릿속에서 떠나지 않았습니다.

어떤 사람이 터무니없는 걱정에 사로잡힌 이 사람을 찾아와서 쓸데없는 생각을 하지 않도록 조언하여 이렇게 말했습니다. "하늘이란 기체가 응결된 덩어리에 지나지 않는다네. 어디에나

다 기氣가 있어서 그 기가 모였다 흩어졌다 하면서 하늘에서 운행하는 것인데 하늘이 어찌 무너지겠는가?"

기나라 사람은 반신반의하며 말했습니다. "하늘은 기가 모인 것이라 무너지지 않는다 하더라도 하늘에 떠서 오가는 해나 달, 별은 떨어지지 않겠는가?"

"그렇지 않다네." 그 사람은 대답했습니다. "해와 달과 별도 둥글게 뭉쳐서 빛을 내는 기체에 지나지 않네. 떨어져서 머리를 친다 해도 사람이 다치진 않을 거야."

기나라 사람은 그래도 마음이 놓이지 않아서 다시 물었습니다. "그러면 땅이 꺼지면 어찌 해야 하는가?"

그 사람은 이렇게 말했습니다. "땅은 두텁게 쌓이고 쌓인 흙덩어리에 지나지 않아. 어디까지나 흙인데 어떻게 무너질 수 있겠나?"

그 말을 듣고 나자 기나라 사람은 갑자기 머리가 맑아지면서 천근이나 되는 마음의 짐을 내려놓았고 깨우쳐준 사람도 크게 기뻐하였습니다.

쓸데없는 걱정, 기우

전혀 근거 없는 일에 쓸데없이 지나치게 근심하는 것을 두고 '기우記憂'라고 하는데 바로 이 이야기에서 나온 말입니다. 하늘이 무너질까, 땅이 꺼질까 하는 걱정은 기우에 가깝습니다. 그러나 때로는 기우라고 여기고 우습게 보아 넘긴 일이 실제로 어마어마한 재앙을 불러오기도 합니다. 전 세계에 영향을 미친 대형 재난도 초기에 대수롭지 않게 여기고서 안이하게 대처하다 일이 커진 사례가 많습니다.

철학은 나를 둘러싼 세계와 그 모든 것을 놀랍게 여기는 데서 나왔다고 합니다. 지금은 철학이라 하면 특정한 학문, 아주 어려운 이론을 다루는 학문으로 여겨지지만 아주 옛날에는 철학이 곧 배움, 학문과 같은 말이었답니다. 그러므로 철학, 곧 배움이란 세계와 우주의 모든 만물, 인간 세상의 만사를 놀랍게 여기는 데서 생긴다는 말입니다. 남들이 다 당연하게 여기는 일, 늘 보아 와서 그러려니 하는 일을 다시 한번 더 왜 이러한가? 어째서 하필이면 저러하지 않고 이러한가? 하고 원인을 궁

금해하고 남들과 다른 방법으로 생각하고, 알아보고, 답을 얻으려는 의문에서 배움이 생겨나서 점점 질문과 대답이 정교하게 다듬어지면서 오늘날과 같이 체계를 갖춘 학문으로 발전한 것입니다.

비행기는 양력이라 불리는 물체를 수직으로 띄우는 힘으로 날아간다고 합니다. 양력이란 액체나 기체 속에서 어떤 사물이 운동을 할 때 이 사물에 수직으로 작용하는 힘입니다. 물을 담은 그릇에 나뭇조각을 띄워놓은 뒤, 내리눌러서 물속에 집어넣은 다음 손을 떼면 나뭇조각이 수직 방향으로 수면을 향해 떠오르지요. 손으로 누르는 힘에 나뭇조각 주위의 물이 밀려 올라가는데 그 힘이 사라지면 바로 물의 양력이 작용하여서 나뭇조각이 위로 뜨고 물은 평형을 유지합니다.

힘은 압력이 높은 쪽에서 낮은 쪽으로 흐르는데 공기 속에서 비행기가 날 때도 양력이 작용한다고 합니다. 옛날 사람들은 하늘을 자유로이 날아다니는 새가 부러워서 하늘을 날고 싶어 했습니다. 그래서 그 모습을 모방하여 갖가지 날개 모양으로 날틀을 만들려고 하였습니다. 유명한 화가이며 과학자인 레오나르도 다빈치도 날개를 이용한 날틀을 설계했다고 하지요. 헬

라스(그리스) 신화에 나오는 「이카로스의 날개」 이야기도 사람이 날고 싶은 욕망을 어떻게 해결하려고 했는지 잘 보여줍니다.

　사람의 몸을 하늘에 띄우기 위해서는 엄청 큰 날개가 필요합니다. 문제는 날개를 크게 하면 날개 자체의 무게까지 더해져서 사실 이를 달고 움직이는 방법으로 하늘을 날기란 불가능에 가깝습니다. 그래서 다른 방법을 생각해냈습니다. 바로 양력을 이용하는 것입니다. 새처럼 날개를 펄럭이지 않고 날개를 비행기에 고정시킨 채 비스듬하게 각도를 유지한 다음 속도를 아주 빠르게 하면 날개에 공기의 양력이 작용하여서 비행기가 하늘을 날게 되는 것입니다.

남쪽의 귤,
북쪽의 탱자

안영이 제나라를 대표하여 초나라에 사신으로 방문했습니다. 초나라 임금은 안영이 사신으로 온다는 말을 듣고서 가까운 신하들에게 물었습니다. "안영은 제나라에서 말을 잘하기로 소문난 사람이오. 지금 우리나라에 사신으로 온다는데 내가 안영을 한번 골려주고 싶소. 무슨 좋은 방법이 없겠소?"

꾀 많은 신하가 말했습니다. "저에게 좋은 생각이 있습니다. 안영이 오거든 제가 한 사람을 묶어서 임금님 앞으로 끌고 가겠습니다. 그러면 임금님께서는 어떤 사람이고 무엇 때문에 잡혀 왔느냐 하고 물어보십시오. 그러면 제가 이 사람은 제나라

출신인데 우리나라에서 도둑질하다가 잡혀왔다고 대답하겠습니다."

이렇게 미리 짠 다음, 안영이 초나라에 도착하자 그를 초대하고 잔치를 열었습니다. 술이 서너 순배 돌자 관리 두 사람이 죄수 하나를 묶어서 데려왔습니다. 초나라 임금은 짐짓 놀란 듯이 일어서서 물었습니다. "저 놈은 무슨 잘못을 저질러서 끌고 온 게냐?"

관리가 대답했습니다. "제나라 사람인데 도둑질하다가 들켜서 잡혀왔습니다."

초나라 임금은 의기양양하게 고개를 돌려서 안영에게 말했습니다. "그럼 그렇지, 제나라 사람이로군. 그런데 제나라 사람들은 본래 남의 물건을 잘 훔치나 봅니다."

안영이 일어나 대답했습니다. "귤나무가 회수 남쪽에서 자라면 귤이 열린다고 하지만 회수를 건너 북쪽에 옮겨 심으면 탱자가 열린다고 합니다. 잎사귀는 비슷하지만 열매의 맛은 너무도 다릅니다. 그것은 무엇 때문일까요? 물과 토양의 차이 때문이지요. 제나라에서 태어나 자랄 때는 본디 물건을 훔칠 줄 몰랐는데 초나라에 오자 물건을 훔쳤으니 아마 초나라의 풍토가 착한 사람을 도둑질하게 만드는 것은 아닌지요?"

임금이 웃으면서 말했습니다. "성인은 놀릴 수가 없다더니 내가 도리어 톡톡히 당했소이다."

자라는 환경의 중요성

남을 모욕하는 사람은 반드시 자기도 모욕을 당합니다. 초나라 임금은 어쩌다 일어난 특별한 일을 마치 늘 그러하고 반드시 그러한 양 주장을 하여서 안영을 욕보이려다 되로 주고 말로 받았습니다.

어떤 제나라 사람이 초나라에 와서 도둑질했다고 해서 모든 제나라 사람이 도둑이라고 하는 주장은 옳지 않습니다. 유럽에서는 이탈리아에 소매치기가 많다는 속설이 퍼져 있습니다. 그래서 이탈리아에 여행을 갔다가 소매치기를 당하면 '역시 이탈리아에는 소매치기가 많구나', '이탈리아 사람들은 모두 소매치기로구나' 하고 생각합니다. 실제로 소매치기는 어느 나라에

나 다 있는데 말입니다. 자기 나라에서 또는 다른 나라에서 소매치기를 당하면 특별한 일로 생각하면서 이탈리아에서 소매치기를 당하면 흔한 일로 여기고 이탈리아 사람들을 모두 소매치기로 보는 것입니다. 이처럼 사람들은 어떤 선입견이 생기면 그에 따른 편견을 갖게 됩니다.

　이 우화는 또 한 가지 중요한 교훈을 줍니다. 같은 존재라도 환경과 조건에 따라 다르게 발전한다는 것입니다. 타고난 자질이 어떠하든 간에 환경에 따라 얼마든지 달라질 수 있습니다. 사람은 다른 짐승과 달리 양육의 기간이 아주 깁니다. 소나 사슴, 염소, 말과 같은 동물은 태어나고 얼마 뒤 기운을 차리면 바로 일어나 걷고 조금만 지나면 달릴 수 있습니다. 거미나 집을 짓는 벌레는 알에서 깨어나 애벌레가 되면 바로 거미줄을 치고 집을 지을 줄 압니다. 물론 캥거루 같은 짐승이나 강아지, 고양이, 새들은 갓 태어나서는 눈도 못 뜨고 어미의 돌봄을 받아야 하지만 금방 자라서 독립을 합니다. 그런데 사람은 태어나 첫돌이 지나야 겨우 일어나 걸을 수 있고 두세 살이 되어야 제 손으로 밥을 먹고 걸어다닐 수 있습니다. 또 사회가 발전할수록 교육의 기간도 길어집니다. 초·중·고등교육을 다 받으면 거의 20, 30년이 걸립니다. 대략 스무 살은 넘어야 비로소 제 힘으로 자립할 수 있습니다.

이렇게 양육과 교육의 기간이 긴 만큼 한 사람이 태어나 잠재 역량을 발전시키는 동안 주변의 영향을 많이 받을 수밖에 없습니다. 그러니 한 어린이의 양육을 맡은 가족, 친지, 선생님 그리고 사회와 나아가 국가에서는 아이가 저마다 지닌 잠재 능력을 빨리 알아보고 끄집어내어서 스스로 계발해나가도록 도와야 합니다. 아주 어린아이가 주위에 모두 도둑질하는 사람만 있는 곳에서 살아간다면 도둑질이란 사람이 당연히 하는 일로 여기며 자라나겠지요. 서로 도와가며 사랑하는 사람들 사이에서 살아간다면 타인을 사랑하고 도울 줄 아는 사람으로 자라날 것입니다.

물론 나쁜 환경에서 자라면 무조건 나쁜 사람이 되고, 좋은 환경에서 자라면 무조건 좋은 사람이 되는 것은 아닙니다. 한 생명이 태어나서 한 사람으로 자라가는 동안에는 온갖 일이 서로 얽히고설키며 좋은 일과 나쁜 일이 뒤섞여서 일어나고, 또 좋은 일도 나쁜 결과를 만들어내고, 나쁜 일도 좋은 결과를 만들어낼 수 있기 때문에 한 사람의 앞날을 한 가지 모습으로만 기대할 수는 없습니다. 다만 처한 상황과 환경을 본인의 발전을 위해 잘 이용한다면 어떤 상황 아래에서도 스스로를 좋은 사람으로 키워갈 수 있을 것입니다.

열 배로 뛴
말 값

어떤 사람이 준마 한 마리를 팔기 위해서 시장으로 끌고 갔습니다. 사흘 동안 많은 사람이 오가는 장터 길목에서 말을 데리고 서 있었지만 사겠다는 사람은 물론이고 값을 묻는 사람조차 없었습니다. 곰곰이 생각한 끝에 말의 관상을 잘 보기로 온 나라에 소문이 난 백락이라는 사람을 찾아가서 다음과 같이 말했습니다.

"선생님! 제가 준마 한 마리를 가지고 있는데 팔려고 장터에 끌고 가서 사흘 동안이나 서 있었지만 아무도 사려고 하지 않았습니다. 갑자기 번거롭게 해드려 죄송합니다만 저를 좀 도와주십시오."

백락이 영문을 몰라 어떻게 도와주면 좋겠느냐 하고 물었습니다.

말 주인이 대답했습니다. "제가 다시 말을 끌고 장터에 서 있을 터이니 그 앞을 지나가시다가 그저 잠시만 서서 제 말을 돌아보고 가시기만 하면 됩니다. 나중에 반드시 후하게 사례하겠습니다."

며칠 뒤, 다시 말 주인이 준마를 끌고 장터에 서 있었습니다. 백락은 시장으로 가서 그 말 앞을 지나가다 말에 잠시 눈길을 준 다음, 몇 걸음 걷다가 멈춰 서서 한참을 돌아보고 또 돌아보았습니다.

이 소문을 들은 사람들이 서로 그 말을 사겠다고 벌 떼처럼 달려드는 바람에 말 값이 당장에 열 배로 뛰었습니다.

제대로 된 평가의 어려움

옛날에 우리나라는 대부분의 사람이 농사를 짓고 살았습니다.

지금은 농사를 지을 때 거의 모든 논과 밭에서 기계를 사용하지만 옛날에는 소를 부렸습니다. 소가 없으면 농사를 지을 수 없었습니다. 그래서 옛날 시골 장터에서 가장 활기를 띤 시장이 소를 사고 파는 우牛시장이었습니다. 숙련된 농사꾼들은 누구나 소를 잘 기르고, 잘 길들이고, 잘 부렸습니다. 누구나 웬만큼은 송아지만 보고도 어떤 소로 자랄지 대충은 알았습니다.

그렇지만 아무리 농사를 오래 지은 사람이라 해도 소의 가치를 제대로 알기는 어렵습니다. 그래서 전문적인 소장수가 되려면 소의 관상도 볼 줄 알아야 했답니다. 소장수가 송아지를 보고 이 송아지가 크면 먹이도 잘 먹고 성질이 순하여 길이 잘 들고 힘도 좋다고 하면 자라서 그런 소가 되었습니다. 소장수의 말 한마디로 소를 사고 팔았기에 소문난 소장수의 말은 우시장에서 권위가 있었습니다.

춘추전국시대의 백락은 동물 말의 상을 잘 보기로 온 세상에 가장 이름난 사람이었습니다. 아무리 겉으로 비루먹고 비쩍 마른 말이라도 백락이 좋은 말이라고 하면 정말로 좋은 말이었고, 번드르르하게 때깔이 나고 털에 윤이 자르르 흘러도 백락이 보통 말이라고 하면 정말 그리 잘 달리지도 못하고 힘도 그저 그랬다고 합니다. 그런 백락이 돌아보는 말이라면 정말 좋은 말이겠지요. 그런데 말 주인이 아무리 사정을 하고 부탁을 한다고 해도 백락이 아무 말이나 준마라고 평가해줄까요? 백락이 보기에도 정말 좋은 말이었기 때문에 돌아봐주었을 겁니다. 그에게도 자기 명예가 있으니까요. 단 한 번이라도 많은 돈을 받고 거짓으로 말을 평가해준다면 말의 상을 잘 본다는 그의 명예는 바닥에 떨어지고 누구도 백락의 평가를 인정하지 않을 테니까요.

그렇다면 준마가 왜 사흘 동안이나 팔리지 않았을까요? 아마도 주인의 외양이 추레하여 사람들의 눈길을 끌지 못했기 때문에 말도 제대로 평가받지 못한 것이 아닐까요? 소설 『어린 왕자』를 보면 이런 이야기가 나옵니다. 튀르키예의 천문학자가 새로운 별을 발견하고서 자기 나라 전통 복장 차림으로 국제 천문학회에 나가서 발표를 했더니 아무도 알아주지 않았습니다. 다음 해에 양복을 입고 나가서 발표를 했더니 모두가 인정해주었습니다.

이 준마의 주인도 당당한 옷차림에 누가 봐도 돋보이는 모습으로 말고삐를 잡고 섰더라면 금세 말이 팔렸을지도 모릅니다.

아무리 준마라도 일반 사람들이 겉모습만 보고서 그 가치를 제대로 알아보기는 어렵기 때문에 주인이 신뢰할 만하게 보이면 말도 신뢰하게 되겠지요. 사실 보통 사람들의 이런 선입견을 크게 나무랄 수는 없습니다. 대부분이 이런 편견이나 선입견을 갖고 살아가니까요. 그러므로 말의 가치를 제대로 알아보는 일이 그만큼 어렵고 중요한 것입니다.

황하의 신,
하백의 탄식

가을이 되자 물이 불어난 강들이 큰 강, 작은 강 할 것 없이 황하로 도도하게 흘러들었습니다. 이 때문에 강의 수량이 엄청나게 불어나 건너편 언덕의 소와 말도 분간하지 못할 정도가 되었습니다. 황하의 신 하백은 득의양양해져서 온 천하에서 자기가 가장 위대하다고 여겼습니다.

기고만장한 하백은 서쪽에서 동쪽으로 흘러가다 마침내 북해에 이르렀습니다. 북해를 한 번 바라보니 망망한 바다가 끝없이 펼쳐져 있었습니다. 이를 본 하백은 문득 스스로가 얼마나 보잘것없는 존재인지를 깨달았습니다. 그는 한숨을 내쉬며

북해의 신 약에게 말했습니다. "세상 사람이 흔히 말하기를, 학식이 조금밖에 없는 사람은 자기가 천하제일이라 한다지요. 제가 그렇게 천박한 놈이었습니다. 전에 누군가에게서 공자의 학문은 폭이 좁고 백이의 의기는 볼만한 게 없어서 별로 뛰어날 것도 없다는 이야기를 들었습니다. 처음에 저는 이런 말을 그다지 믿지 않고서 그들이 천하제일이라 여겼습니다. 그런데 당신의 위대함을 보고서야 제 스스로 얼마나 식견이 좁고 고루한지 깨달았습니다. 당신을 만나지 못했다면 큰일이 날 뻔했네요. 두고두고 지각 있는 사람들에게 웃음거리가 될 뻔했지 뭡니까?"

북해의 신 약은 이렇게 말했습니다. "우물 안 개구리와 더불어서는 바다를 말할 수는 없지요. 그놈은 공간에 갇혀 있으니까요. 여름의 작은 곤충과 더불어서는 얼음을 말할 수도 없겠지요. 그놈은 시간에 묶여 있으니까요. 마찬가지로 천박한 사람과 더불어서는 고상하고 깊이 있는 학문을 논할 수 없습니다. 그의 지식에는 한계가 있기 때문입니다. 이제 그대는 몸소 체험을 통해 좁고 작은 강물에서 빠져나와 넘실대는 큰 바다를 보고서 순식간에 스스로 보잘것없는 존재임을 깨달았습니다.

그렇게 마음을 비워낼 수 있는 자라면 함께 고상하고 깊이 있
는 위대한 진리를 두고서 대화할 수 있겠습니다."

자아도취에서
벗어나기

우물 안 개구리처럼 식견이 좁고 천박한 사람은 자기가 세상에
서 제일인 줄 압니다. 자기만족과 자아도취가 때로는 긍정적인
작용을 하기도 하지만 더 넓은 세상과 더 큰 세계를 볼 줄 모르
면 본인만의 세계에 빠져서 더 이상 발전할 수 없습니다. 안 그
래도 황하는 엄청나게 큰 강인데 태풍과 집중호우로 모든 지류
가 몰려들어서 물이 불어났으니 도도히 흐르는 강물의 기세가
하늘이라도 덮을 듯했을 터입니다. 황하의 신 하백은 얼마나
의기양양했을까요? 하지만 내친 김에 바다에 가 보고는 그만
어안이 벙벙했습니다. 기세 좋게 흐르던 황하가 아무리 흘러들
어도 끝없이 펼쳐진 망망한 바다는 조금도 높아지지 않으니 말
입니다.

하백이 그래도 도를 함께 이야기할 만한 대상이 될 수 있었던 까닭은 자기 한계를 겸허하게 깨달았기 때문입니다. 무지의 자각, 자기가 아무것도 모른다는 사실을 깨닫는 일이야말로 앎의 첫걸음입니다. 다른 사람의 위대함을 보고서 자기의 부족한 능력이나 자질을 개탄하는 일을 가리켜서 망양흥탄望洋興嘆이라고 일컫기도 한답니다.

공자와
두 제자

어느 날 제자 자로(중유)가 공자에게 물었습니다. "선생님, 좋은 가르침을 들으면 곧바로 실천해야 합니까?"

공자가 대답했습니다. "아버지도 계시고 형님도 계신데 어찌 들었다고 해서 그것을 곧바로 실천해야 하겠느냐? 반드시 그분들께 여쭈어보고 나서 행동해야지."

자로가 나가고 조금 있다가 또 다른 제자인 염유(염구)가 들어와서 공자에게 물었습니다. "선생님, 좋은 가르침을 들으면 곧바로 실천해도 되겠습니까?"

공자가 대답했습니다. "아무렴, 좋은 가르침을 들으면 곧바로 실천해야 하고말고.”

염유가 나간 뒤 공자를 모시고 있던 공서화가 이상하다는 듯 물었습니다. “선생님, 이상합니다.”

“뭐가 이상하다는 말이냐?”

“자로가 ‘좋은 가르침을 들으면 곧바로 실천해야 합니까?’ 하고 여쭈었을 때는 아버지와 형님께 알리고 나서 실천하라고 하셨는데 염유가 여쭈었을 때는 곧바로 실천하라고 하셨으니 말입니다. 두 사람이 같은 질문을 했는데 어째서 대답은 반대로 하시는 겁니까?”

공자가 대답했습니다. “옳아, 그래서 이상하다는 말이구나. 왜 그렇게 했느냐 하면 말이지, 염구는 너무 소극적이라 격려하려고 한 것이고, 중유는 너무 적극적이라 성질을 눅여주려고 한 것이다.”

상대의 눈높이에 맞추는 것

이제는 하도 많이 들어서 식상하기까지 한 ‘눈높이 교육’이라는 말이 있습니다. 배우는 사람의 수준에 맞추어서 가르친다는 뜻입니다. 공자는 배우는 사람의 자질과 성격을 잘 파악하여 그에 맞게 가르쳐주었습니다. 그래서 교육 효과가 아주 높았습니다. 자로는 진취적이며 용맹한 성격을 바탕으로 군사 분야에서 뛰어난 재능을 펼쳤고, 염유는 세심하고 꼼꼼하며 소극적인 성격에 걸맞게 세무 회계와 같은 분야에서 재능을 발휘하였습니다. 자로는 행동이 앞서서 늘 공자에게 제지를 당했고, 염유는 자기가 섬기는 계씨를 위해 너무 각박하게 세금을 거둬들여서 공자에게 호된 꾸중을 들었습니다.

교육은 선생이 학생에게 일방적으로 학습 내용을 전달하는 것이 아니라 학생이 스스로 앎을 깨달아가도록 이끌어주는 일입니다. 물론 기초가 되는 지식은 전달해주어야 하지만 더 높은 지식은 스스로 알아가야 합니다. 이 앎의 과정에서 교육의 참된 목표는 학습자의 자질을 파악하고 개성을 살펴서 잠재력을 이끌어내어 계발하는 동시에 장점을 살리고 단점을 보완하여서 주체적 시민으로 길러내는 것입니다.

군주의 총애를
잃는다는 것

옛날 위나라에는 임금의 수레를 몰래 타면 두 다리를 자르는 법이 있었습니다. 어느 날, 임금의 총애를 받고 있던 미자하는 한밤중에 어머니가 위독하다는 전갈을 받게 되었습니다. 그는 서둘러 궁중으로 달려가서 임금의 수레를 몰래 타고 고향으로 내려갔습니다.

　다음 날, 이 소식을 들은 신하들은 이제 미자하의 다리가 성치 못할 것이라고 생각했습니다. 그러나 뜻밖에도 임금은 칭찬을 아끼지 않았습니다. "정말로 보기 드문 효자로구나. 어머니를 생각하느라 다리가 잘리는 형벌도 생각하지 않다니."

또 한번은 미자하가 임금을 모시고 후궁의 과수원을 산책하고 있었습니다. 미자하는 복숭아나무 가지에서 잘 익은 복숭아 한 알을 따서 베어 물더니 아주 달고 맛있다면서 한 입 베어 먹은 복숭아를 그대로 임금에게 건네주었습니다. 신하들은 놀라서 어쩔 줄 몰라 했지만 임금은 도리어 웃으며 말했습니다. "미자하는 참으로 나를 아끼는구나. 맛있는 것을 맛보일 생각만 하느라 본인이 먼저 한 입 먹은 것이라는 사실도 잊어버리다니!"

몇 년이 지나자 미자하는 점점 임금의 총애를 잃었습니다. 마침내 임금은 그를 궁궐에서 쫓아내려고 탁자를 두드리며 죄를 따졌습니다. "애초에 너는 무엄하게도 나의 수레를 몰래 탔으며 또 나에게 먹다 남은 복숭아를 먹였다. 이처럼 나를 모욕했으니 죽어 마땅하다."

미자하의 행위는 변함이 없는데 앞서는 어질고 훌륭한 일로 여겨지다가 나중에는 죄가 된 까닭은 다만 임금의 사랑이 미움으로 변했기 때문입니다.

충고의 어려움

사람의 감정은 변화무상합니다. 같은 사실이라도 감정의 굴곡에 따라 평가가 달라집니다. 애증이 늘 바뀌기 때문입니다. 이 우화는 권력자에게 간언을 하는 일이 그만큼 어렵다는 사실을 보여줍니다. 충고나 간언을 하는 목적은 본인의 생각을 전달하여서 상대방의 의식과 행동을 자기 뜻에 따르도록 바꾸려는 것입니다. 그러므로 상대의 감정을 잘 헤아려서 충고해야 합니다. 특히 권력을 지닌 사람에게 충고할 때는 좋은 뜻으로 한 말이 오히려 권력을 넘보거나 권위를 얕보려는 생각에서 나온 것으로 오해를 받기도 하고 의심을 사기도 합니다.

또한 충고를 할 때는 결코 상대방이 내 뜻을 백 퍼센트 따를 것이라 기대해서도 안 됩니다. 사람은 저마다 자기 나름의 생각을 지니고 있고, 충고를 하는 사람보다 자기가 우월한 위치에 있다고 생각할수록 충고를 잘 받아들이려 하지 않기 때문입니다. 충고는 어디까지나 대안을 제시하여서 상대방이 스스로 합리적으로 선택하도록 선택지를 던져주는 것으로 그쳐야 합니다. 물론 옛날 왕조 사회에서처럼 권력자가 전제 권력에 취해서 폭정을 일삼아 나라가 금방이라도 무너질 듯이 혼란하고 위태로울 때 도끼를 들고 가서 대궐 문 앞에 엎드려 목숨을 걸고 하는 간언의 경우는 다르겠지만 말입니다.

겨울에
손발이 트지 않게
해주는 약

송나라에 손발이 겨울에 얼어서 트지 않도록 막는 약을 만드는 사람이 있었습니다. 그 집안은 대대로 무명을 세탁하여 먹고 살았는데 이 약을 바르면 동상에 걸려서 피부가 갈라 터지는 것을 막을 수 있었기 때문에 해마다 겨울이면 늘 이 약을 바르고 세탁을 했습니다. 겨울에도 손이 트지 않으니 아무리 날이 추워도 일을 할 수 있었지요. 그렇다고 아주 넉넉하게 사는 형편은 아니었습니다.

　하루는 어떤 외지 사람이 이 소문을 듣고 찾아와서 백 냥에 그 약의 비방을 팔라고 간청했습니다. 주인은 식구를 모아 놓고 이렇게 말했습니다. "우리 집안은 세탁하는 일로 몇 대를 살아왔지만 아무리 애써도 몇 푼 벌지 못했는데 지금은 비방을 사려는 사람 덕분에 한꺼번에 백 냥을 벌 수 있게 됐다. 파는 게 어떻겠느냐?"

모두들 지긋지긋한 세탁 일에서 벗어날 수 있겠다고 좋아하면서 어서 팔자고 했습니다.

외지 사람은 비방을 산 뒤 오나라 임금에게 가서 약의 효험을 설명했습니다. 오래지 않아 월나라가 오나라로 쳐들어왔습니다. 오나라 임금은 그에게 수군을 통솔하여 적을 물리치도록 했습니다.

때는 한겨울 섣달로, 두 나라의 군사가 강에서 수전을 벌이고 있었습니다. 오나라 군사들은 이 고약을 바르고 있었기 때문에 손발이 얼거나 트지 않아 모두 원기 왕성했지만 손발이 얼고 갈라져 사기가 떨어진 월나라 군사들은 그들이 나타나기만 해도 도망치는 형편이었습니다. 오나라 임금은 아주 기뻐하며 그에게 많은 땅을 나눠주고 영주의 작위를 내렸습니다.

모든 것은
쓰기 나름이다

추운 겨울에 손발이 얼어서 트는 것을 막을 수 있는 고약으로 한 지역의 영주가 된 사람이 있는가 하면 세탁을 하면서 겨우겨우 살아가는 사람이 있는 까닭은 똑같은 기술을 가지고서도 쓰는 방법이 달랐기 때문입니다.

전국시대의 사상가인 장자의 절친한 친구 혜시惠施는 장자의 말이 너무나 허황하여 쓸모가 없다고 반박하기 위해서 너무 커서 아무짝에도 쓸모없는 바가지를 예로 들어 넌지시 얘기를 꺼냈습니다. "위나라 임금이 박씨를 주워서 심었더니 무려 곡식 다섯 섬을 담을 정도의 박이 열렸다네. 구멍을 뚫어서 물을 채웠더니 너무 무거워서 들 수 없고, 쪼개서 바가지를 만들었더니 넓고 평평해서 물건을 담을 수 없었네. 결국 아무짝에도 쓸모없어서 부수어 버렸다지."

혜시는 고정관념에 사로잡혀서 사물의 용도를 본질적으로 정해진 것으로 생각했습니다. 그래서 그는 바가지는 물을 담아두거나 푸는 그릇이니 너무 크면 물을 담아두기에도 물을 푸기에도 불편하다고 생각했습니다. 그러자 장자는 혜시가 큰 그릇을 쓸 줄 모른다고 비꼬면서 위의 이야기를 들려주었습니다. 바가지를 꼭 물을 담거나 푸는 데 써야만 할까요? 왜 물에 띄워서 강을 건너거나 타고 놀면 안 되는가요?

　사람이든 사물이든 용도가 원래부터 고정불변固定不變으로 정해진 것은 아닙니다. 어디에 어떻게 쓰느냐에 따라 얼마든지 그 쓸모나 역할이 달라집니다. 결국은 잘 쓰고 못 쓰는 차이만 있는 것이 아닐까요?『성경』에도 "집 짓는 자들이 버린 돌이 머릿돌이 된다"라고 하지 않았습니까? "굽은 나무가 선산을 지킨다"고 아무리 보잘것없어도 다 쓸모가 있고 그 쓰임새는 쓰기에 따라 한이 없습니다.

춘추전국시대

춘추전국시대는 고대 중국 문화와 역사의 저수지라 할 수 있습니다. 황하 중하류의 광대한 유역 여기저기에서 농사를 짓고 살던 중국 대륙의 여러 부족이 이웃 부족들과 경쟁을 하고 투쟁을 벌여서 규모가 큰 여러 나라가 이루어지고, 이들 나라들이 마침내 하나의 제국으로 통합되어 가던 시기가 바로 춘추전국시대입니다.

춘추전국시대를 거쳐서 기원전 221년, 섬서(산시) 지역에서 일어난 진秦이 최초로 대륙의 여러 나라를 통합하고 제국을 이루면서 비로소 중국이라는 한 국가로서 역사와 문화의 정체성이 생겨났습니다. 상고시대 중국에는 요임금, 순임금과 같은 성인군주가 나타나서 중국 문명과 문화를 열었다고 합니다. 이들 이상적인 군주의 이야기는 실은 여러 종족에서 별도로 전해진 위대한 지도자의 신화와 전설이 한 줄기로 가닥을 이은 것이라 할 수 있습니다. 요임금, 순임금이 다스리던 시기는 지금도 요순시대라 하여 동북아시아에서는 이상적 황금시대의 이미지를 갖고 있습니다.

이 요순시대를 거쳐서 하夏-상商(은殷)-주周 왕조로 중국 대륙의 역사가 이어졌다고 합니다. 세 왕조로 이어졌다 해서 중국 대륙 전체를 지배하는 국가가 차례차례 교체한 것은 아닙니다. 황하 유역의 넓은 지역에서 저마다 생겨나 경쟁하고 공존하던 크고 작은 여러 나라들 가운데서 강력한 영향력을 갖고 중국 세계를 대표하는 나라가 차례로 바뀌었다고 할 수 있습니다.

중국 대륙의 문명과 문화는 황하의 치수와 밀접한 관련이 있습니다. 티베트 고원에서 발원하여 5,600여 킬로미터를 흘러서 황해로 흘러드는 황하는 엄청난 길이와 황하로 흘러드는 수많은 지류로 대륙의 북부를 기름지게 하였습니다. 중국의 문명과 문화는 이 황하를 젖줄로 삼아 발전하였습니다. 그런데 황하는 수천, 수만 년 동안 끊임없이 누런 황톳물을 중원이라 부르는 중국 대륙 북부 중하류에 토해내서 땅을 비옥하게 하였지만 때로는 엄청난 규모로 범람하여서 처참한 재앙을 일으켰습니다. 중국 최초의 왕조라 일컫는 전설상의 하는 바로 황하의 치수를 통해 일어난 나라입니다.

하와 상을 거쳐서 중국 대륙을 주도하게 된 주는 혈연을 중심으로 하고, 주의 종주를 인정하는 여러 부족과 함께 연합하여서 봉건 체제의 국제 질서를 형성합니다. 봉건이란 땅에 특별한 표시를 하고 나라를 세운다는 뜻입니다. 예를 들면 어느 땅을 아무개 부족의 나라라고 인정해주고 주나라를 중심으로 하는 고대 중국의 국제 연합에 끼워준다는 말입니다.

이 국제 연합을 뒷받침하는 힘은 마치 옛날 전통 사회의 마을이 종갓집을 중심으로 큰집, 작은집으로 나뉘어서 이루어 졌듯이 주나라를 중심으로 하여 여러 지역의 크고 작은 나라 가 혈연으로 이루어져 있다는 연대 의식이었습니다. 지역에 흩 어져서 주의 봉건 체제에 속한 크고 작은 나라를 제후국이라 하였는데, 주의 지배층과 멀고 가까운 혈연의 관계에 따라 군 주의 작위와 국가 위상에 차등이 있었습니다. 주의 군주는 왕 이라 하였고 제후국의 군주는 혈연이나 위상에 따라 공작·후 작·백작·자작·남작으로 불렸습니다.

봉건 체제가 성립한 뒤, 처음에는 주나라 중심의 국제 연합 에 속하는 나라들이 서로 신뢰하고 연대를 이루어서 서북쪽 유 목민의 침입을 막고 황하를 다스려서 함께 발전했습니다. 지역 에 흩어진 제후국들 사이에서 크고 작은 분쟁이 일어나면 주나 라가 종주로서 분쟁을 조정하고 공정하게 중재를 하였고 분쟁 을 일으킨 당사국들도 이를 받아들였습니다. 그리고 봉건 체제 에 속한 나라들 사이의 국제 연대를 위해 주의 조상을 기리는 전례를 주기적으로 성대하게 치렀는데 각 지역에 흩어진 제후 국들은 의무적으로 참석하여서 동맹 의식을 다졌습니다.

그러나 오랜 세월이 흐르면서 혈연의 연대 의식이 점차 흐려 지고, 중국 전역에서 문명과 기술이 크게 발전하고 농경 생산 이 늘어나면서 경제적 힘을 갖게 된 지역의 여러 나라가 주나 라의 권위를 인정하지 않고 저마다 영토를 넓히고 세력을 확대 하려고 하였습니다.

기원전 771년, 주나라가 서북쪽에서 일어난 견융이라는 유목 민족에게 밀려서 지금 중국의 산시의 시안 서쪽에서 동쪽 허난 (하난)의 뤄양(낙양)으로 수도를 옮긴 뒤로 중국 여러 나라들은 본 격적으로 서로 무한 경쟁의 시대로 들어섭니다. 진으로 통합되 기 전 550년간의 이 시기를 춘추전국시대라 합니다. 이 시기는 또 춘추시대와 전국시대로 나뉘기도 합니다. 공자가 편찬했다 고 하는 그의 고국 노나라 연대기인 『춘추』라는 책이 포괄하는 기원전 771년에서 주나라 원왕이 야만인으로 여겼던 남쪽 월나라를 중국의 문명국 연합의 일원으로 인정해준 기원전 476년까지를 춘추시대라 하고, 그 뒤로 진이 중국 대륙을 통합한 기원전 221년까지를 전국시대라 합니다. 물론 춘추시대와 전국시대를 가르는 기준에는 여러 다른 주장이 있습니다만 대체로 이렇게 구분합니다.

춘추시대에는 주나라가 지닌 종주국의 권위를 형식으로나마 인정하는 시기였습니다. 제후국들 사이에 분쟁이 일어나면 인근에 있는 이해 당사국끼리 주의 권위를 빌어서 동맹을 맺었으며 이 동맹을 주도한 군주를 패자霸者라 하였습니다. 춘추시대 패자를 중심으로 지역 나라들 사이의 동맹을 통해 평화 체제를 유지하는 정치 형태를 패정霸政이라 하는데, 이렇게 불완전하지만 잠시나마 안정을 이룬 패정을 구상하고 춘추시대를 이끈 중국 최초의 사상가가 관자管子입니다.

그런데 전국시대가 되자 초나라, 위나라 같은 제후국이 서로 앞다투어 왕을 일컫고 주의 권위는 완전히 바닥에 떨어지고 말

앉습니다. 그러다 기원전 256년에 주나라는 진나라에 망하면서 역사의 무대에서 완전히 사라지고, 전국칠웅이라 일컫는 일곱 나라가 저마다 주위의 작은 나라들을 집어삼키고 강대국이 되어서 중국 대륙의 패권을 다투며 각축을 벌였습니다. 그리하여 오로지 부국강병이 각 나라의 과제였으며, 중국 세계는 먹느냐 먹히느냐 하는 생존경쟁과 약육강식의 끝없는 전쟁의 소용돌이에 휩쓸려서 인민의 삶이 처참하게 무너졌습니다.

그리하여 전국시대 당시의 역사·시대적 과제는 어떻게 하면 전쟁의 국면을 종식시키고 사회와 천하 세계가 평화와 안정을 이룰 수 있을까 하는 문제에 초점이 놓였습니다. 제자백가라 불리는 여러 사상가와 학자가 나타나서 온갖 종류의 학설과 사상을 발표하고, 전쟁을 일삼는 나라들을 찾아다니며 국제 간의 평화체제를 구축하려고 군주들을 설득하고 유세하였습니다.

예의와 문화가 지배하는 질서를 회복하려고 노력한 유가, 노동생산의 가치를 높이고 물질생산을 통해 사회의 경제적 안정을 추구하려고 애쓴 묵가, 대도시가 생겨나고 사회가 복잡해지면서 가로세로 거미줄처럼 얽힌 인간세계에 객관적인 법의 지배를 통해 통치의 효율을 추구한 법가, 기술과 문명이 발달하고 정치와 권력의 체계가 복잡해지면서 잃어버린 인간 본연의 가치와 모든 존재의 토대인 자연과 멀어진 관계를 회복하려는 도가 등 중국과 동북아시아 문화의 바탕이 된 여러 사상이 모두 이 시기에 생겨났습니다.

이런 사상은 서로 경쟁하고, 수용하고, 비판도 하면서 발전하다가 한漢이 본격적으로 명실상부한 제국의 질서를 형성하고 난 뒤, 유가의 사상을 중심으로 국가의 정치 질서를 세우면서 겉으로는 유가의 학문이 중국의 문화사를 주도하였습니다. 이에 따라 다른 사상들은 차츰 저절로 사라지기도 하고, 유학을 표면으로 내세운 한 제국의 관학에 흡수되어서 학문과 사상을 다양하게 발전시키는 데 영향을 미쳤습니다. 또한 도가는 중국에 불교가 들어올 때 사람들이 불교의 종교적 사상을 이해하는 데 마중물 역할을 하기도 하였습니다.

전국시대 전란의 소용돌이를 멎게 한 사건은 바로 진시황의 천하 통일이었습니다. 진시황의 진나라는 원래 산시의 서쪽에서 생겨난 반쯤은 야만의 나라였으나 진시황의 선대에 아주 뛰어난 정치 지도자가 대를 이어 나타나서 진을 재빨리 부강한 나라로 만들었고 전국칠웅 가운데 절대적 강자가 되었습니다.

삽시간에 중국의 중심으로 뻗어 나오는 서쪽 진나라의 세력에 대항하여 동쪽 여섯 나라는 저마다 자구책을 구해야만 했습니다. 그리하여 여섯 나라는 상호 간에 공수 동맹을 맺기도 하였습니다. 그러나 진나라는 외적으로는 여섯 나라의 상호 이익을 허물어뜨려서 각개격파를 하려는 전략을 추진하고, 내부에서는 강력한 법의 지배와 효율적인 통치 체제를 이루어 결속을 다져 군국주의 체제를 확립하여 이웃 나라를 차례로 집어삼키며 마침내 기원전 221년 중국의 천하를 통일하였습니다.

군국주의 진시황의 무단 통치는 지나친 권력의 전횡과 여섯 나라 잔존 세력의 봉기, 오랜 전란에 지친 인민의 반발로 기원전 206년에 멸망하였습니다. 진 제국이 멸망하자 여러 지역에서 봉기한 세력들 가운데 가장 유력했던 항우의 초나라와 유방의 한나라가 자웅을 겨루었고, 한이 승리하면서 기원전 202년에 한 제국이 성립하였습니다.

한 제국은 천하를 유가 사상을 중심으로 통치 이념을 세워서 안정된 정치 체제를 이룬 뒤, 영토를 확장하고 발전하여 200여 년간 이어지다가 왕망이라는 신하로 인해 망하였습니다. 왕망은 신이라는 나라를 세웠으나 15년 만에 다시 한의 핏줄을 이은 유수라는 인물이 나타나 한을 부활시켰습니다. 한 제국은 이렇게 역사가 단절된 15년을 사이에 두고 전한과 후한으로 나뉘어서 400년간 중국 대륙을 지배하였습니다. 이후 중국 한족과 이민족의 여러 정치 세력이 시소게임을 하듯이 번갈아 일어나고 망하며 또 분열과 통합을 되풀이하면서 현대 중국이 성립하기까지 오랜 왕조 체제 중국의 역사가 이어집니다.

행복과 불행,
어쩌면 종이 한 장
차이일지도

사당의 쥐

제나라의 임금인 경공이 재상인 안영에게 물었습니다. "나라를 다스리는 데 가장 큰 근심거리가 무엇이오?"

안영이 대답했습니다. "바로 '사당의 큰 쥐'입니다."

경공이 그 뜻을 이해하지 못해서 다시 물었습니다. "그 말이 무슨 뜻이오?"

안영이 대답했습니다. "사당은 신에게 제사를 지내는 곳입니다. 사당을 지을 때는 나무로 기둥을 세우고, 진흙을 발라 벽을 만듭니다. 그런데 쥐는 사당의 벽에 여기저기 구멍을 뚫고 그 안에서 삽니다. 연기를 피워서 쫓아내자니 기둥이 탈까 두

렵고, 물을 부어서 쫓아내자니 벽이 무너질까 두려워서 이러지도 못하고 저러지도 못합니다. 나라도 사정이 마찬가지입니다. 나라에도 사당의 쥐와 같은 사람들이 있습니다. 바로 임금님이 좌우에 두고 아끼는 사람들이 그들입니다."

권력의 주위를
떠나지 않는 교활한 자들

'빈대 잡으려다 초가삼간 다 태운다'라는 속담이 있지요. '쥐를 때려잡으려 해도 접시가 아깝다' 하는 말처럼 작은 해를 없애려다가 도리어 큰 손해를 보는 수가 있습니다. 그래서 대부분이 웬만한 피해는 덮어두고 넘어가려고 합니다. 그러나 작은 해라도 그대로 두면 점점 자라서 나중에는 걷잡을 수 없이 큰 해악을 끼치게 됩니다.

쥐는 사당 안에서 활개 치고 다니며, 벽을 뚫고, 기둥을 쏠고, 사당에 바친 제물을 훔쳐 먹어서 막대한 피해를 끼칩니다. 나라에도 마찬가지로 권력자 주위에서 마치 쥐처럼 교활하게 자기 이익만 챙기는 자들이 있습니다. 나라가 어지러울수록 서로 도와서 어려움을 해결할 생각은 하지 않고 이익을 챙길 수 있을 때 하나라도 더 챙겨야겠다는 사람은 마치 쥐새끼와 같습니다. 조선이 망하기 직전, 나라에서는 군인의 봉급도 제대로 주지 못했는데 부패한 관리의 곳간에는 쌀이 썩어나고 돈에 녹이 슬 정도였다고 합니다. 권력을 행사하는 기구가 투명하지 않고 은폐되어 있을수록 쥐새끼 같은 사람은 더 많아집니다. 권력자가 이런 사람을 잘 가려내지 못하는 것이 큰 문제인 것입니다.

이 우화는 『안자춘추』라는 책에 나오는 이야기인데 『한비자』에도 똑같은 내용이 전해집니다. 한비자는 이 우화를 소개한 다음 이렇게 풀이했습니다. "지금 군주의 좌우에 있는 측근들이 밖에 나가면 권세를 부려서 백성으로부터 이득을 챙기고 안에 들어오면 패거리를 지어서 군주에게 악을 숨긴다. 안으로는 군주의 정황을 엿보아 그것을 밖에 알리고 안팎으로 여러 신하들과 벼슬아치들에게 권세를 부려서 부를 이룬다. 관리들은 이들을 처벌하지 않으면 법이 문란해지고, 처벌하자니 군주가 불안해할까 하여 그대로 덮어둔다. 이런 자들이 나라에는 '사당의 쥐社鼠'와 같다."

가짜 봉황

초나라의 어느 산속에 꿩을 기르는 사람이 있었습니다. 하루는 길을 가던 나그네가 난생처음 깃털이 아름다운 꿩을 보고는 아주 신기하게 여겨서 그게 무엇인가 물었습니다.

꿩을 기르는 사람은 꿩을 처음 보는 사람도 있는가 하여 일부러 거짓말을 했습니다. "당신이 이 새의 이름을 모르는 것도 이상할 게 없지요. 이 새는 바로 봉황입니다."

나그네는 그 말을 듣고 깜짝 놀랐습니다. "세상에! 이 새가 바로 봉황이란 말이지요? 봉황이라는 이름만 들었는데 그런 새가 정말 있기는 있었군요. 이 귀한 새를 저에게 파십시오."

그는 서슴없이 돈을 한 꿰미 꺼내주면서 사겠다고 했습니다. 꿩을 기르는 사람이 짐짓 거절하는 체하자 그는 곧바로 값을 두 배로 쳐서 돈을 한 꿰미 더 주고 사갔습니다.

나그네는 이 봉황을 임금에게 바쳐서 후한 상을 타려고 했는데 애석하게도 꿩이 죽고 말았습니다. 나그네는 돈을 버린 일보다 임금에게 봉황을 바치지 못하게 된 일을 더 안타까워했습니다. 그는 머리를 쥐어뜯으며 아주 슬프게 통곡했습니다.

이 소문이 초나라에 아주 빠르게 퍼졌습니다. 거리와 골목을 돌아다니는 동안 점점 살이 붙어서 사람들이 꿩을 진짜 봉황으로 여길 정도였고 이 소문을 접하는 사람마다 쯧쯧 혀를 차면서 애석해했습니다. 이 사실을 안 임금은 아주 유감스러워 했습니다. 임금은 봉황을 바치려 했던 나그네의 충성을 높이 사서 특별히 접견하고 꿩 값의 열 배나 되는 상금을 내렸습니다.

이름이 실재를 만들어내다

한갓 이름뿐이라 하더라도 어떤 특정한 조건 아래에서는 실재처럼 여겨지는 수가 있습니다. 꿩은 꿩일 뿐 봉황이 아닙니다. 그러나 온 나라 사람들이 봉황으로 알았기 때문에 꿩은 봉황이 되었습니다. 나그네는 임금에게 봉황을 바치려고 한 것이고, 임금도 봉황을 바치려는 정성으로 받아들여서 봉황을 바친 것에 해당하는 상을 내렸습니다. 그러니 꿩은 꿩이 아니라 봉황이지 무어란 말인가요? 이 경우는 이름이 실재를 만들어낸 셈입니다.

그러나 이는 이름이 만들어낸 허상입니다. 사람들이 모두 허상에 속은 것이지요. 『성경』에 이런 이야기가 있습니다. 맨 처음 하느님이 천지와 만물을 창조하였고 그러고 나서 진흙을 빚어서 사람을 만들었습니다. 그가 아담입니다. 하느님이 만물을 이끌어 아담에게 보였습니다. 아담이 손가락으로 하나하나 가리키면서 무어라고 말하였습니다. 그 말이 그대로 그 사물의 이름이 되었습니다.

아주 아득한 옛날, 사람들이 짐승과 어울려 살던 때 사람들은 눈으로 보는 사물 하나하나에 무어라고 이름을 붙였었지요. 그러다 그 이름이 두루 쓰이게 되면 그로부터는 이름만 남고 사물 하나하나는 이름 속에 숨어버립니다. 사람들은 직접 눈으로 보지 않고 이름만 주고받으면서 사물을 가리키고 사물을 떠올리며 사물과 관계를 맺습니다. 이름을 아무리 쪼개보아도 그 사물이 보이지 않고, 사물을 아무리 쪼개보아도 이름은 없습니다. 이름은 다만 우리가 그 사물을 가리키고 성질을 나타내기 위해 덧붙인 '생각'이 만들어낸 것입니다. 어떤 사물에 붙은 이름은 그 사물이 없어져도 남습니다. 그래서 위의 이야기와 같이 이름만으로도 이미지를 만들어낼 수 있는 것입니다.

증자의
자녀 교육법

공자의 제자인 증자의 아내가 시장에 가려고 준비를 하고 있었습니다. 아이가 따라가려고 치맛자락에 매달려 울며 보챘습니다. 시달리다 못한 증자의 아내는 아이를 달랬습니다. "얘야, 얼른 돌아가거라. 엄마가 돌아와서 돼지를 잡아 고기를 먹게 해줄게." 그제야 아이는 겨우 울음을 그치고 돌아섰습니다.

아내가 시장에서 돌아오니 증자가 돼지를 묶어놓고 날이 시퍼렇게 선 칼을 들고 막 돼지를 잡으려 하고 있었습니다. 아내는 놀라서 급히 뛰어들어 그의 팔을 잡으며 말했습니다. "당신 미쳤어요? 돼지는 왜 잡는 거예요?"

"당신이 아이에게 시장에서 돌아와서 돼지를 잡아준다고 하지 않았소?"

"아니, 일부러 아이를 조금 속인 걸 가지고 참말로 돼지를 잡으면 어떻게 해요?"

증자는 엄숙하게 말했습니다. "어떻게 아이를 속일 수 있단 말이오? 아이들이란 아무것도 모르기 때문에 부모를 보고 따라 배우게 되오. 지금 당신이 아이를 속이는 것은 아이에게 남을 속이도록 가르치는 것이라오. 어머니가 자기 아이를 속이면 아이는 어머니를 믿지 못할 것이오. 그러면 무슨 가정 교육이 되겠소?"

말을 마친 증자는 돼지의 멱을 따기 시작했습니다.

말로만 하는 것이 아닌
몸소 실천하는 교육

자녀는 어버이의 말을 따라 배우는 것이 아니라 어버이의 뒷모습을 보고 배운다는 말이 있습니다. 아이는 말로만 이렇게 하라, 저렇게 하라 한다고 그대로 하는 것이 아니라 어버이가 하는 행동을 보고 따라 한다는 뜻입니다. 아내가 눈앞의 성가신 일을 넘어가려고 아이에게 돼지를 잡아주겠다고 무심코 내뱉은 무책임한 말을 지키기 위해 정말로 돼지를 잡은 증자의 교훈은 백 마디 말보다 값집니다. 모름지기 교육이란 이렇게 해야 하지 않을까요? 아무리 어린아이에게라도 함부로 말을 해서는 안 됩니다. 쉽게 말을 내뱉어서도 안 되고 말을 한 이상은 책임을 져야 합니다.

교육에 종사하는 사람들은 증자의 교육법에서 올바른 교육이란 무엇인지를 배워야 합니다. 몸으로 보여주는 교육이 말로 하는 교육보다 중요하다는 사실을 이 살체교자 殺彘敎子(아이를 가르치기 위해 돼지를 잡음)의 우화가 마치 웅변하듯이 아주 잘 가르쳐줍니다.

세 사람만 우기면
없는 호랑이도 만들어낸다

위나라가 조나라와의 전쟁에서 패배하여 태자와 대신 방공을 조나라의 수도 한단에 인질로 보내게 되었습니다. 방공은 떠나야 할 때가 되자 왕에게 한 가지 질문을 했습니다. "어떤 사람이 뛰어와서 저잣거리에 호랑이가 나타났다고 보고하면 믿으시겠습니까?"

왕이 고개를 흔들며 말했다. "믿지 못하겠소. 저잣거리에 어떻게 호랑이가 나타난단 말이오."

"두 번째 사람이 달려와서 저잣거리에 호랑이가 나타났다고 한다면 믿으시겠습니까?"

왕은 망설임 끝에 여전히 고개를 흔들며 못 믿겠다고 말했습니다.

방공이 다시 물었습니다. "곧이어 세 번째 사람이 달려와서 저잣거리에 호랑이가 있다고 한다면 믿으시겠습니까?" 왕은 고개를 끄덕이며 말했습니다. "믿어야지요. 세 사람이나 그렇게 말한다면 거짓일 리가 있겠소?"

방공이 일어나 말했습니다. "저잣거리에 호랑이가 있을 수 없다는 것은 누구나 알고 있습니다. 그러나 세 사람이 있다고 하면 임금님께서도 믿으실 것입니다. 위나라에서 한단은 여기서 저잣거리까지보다 멉니다. 임금님 앞에서 저를 헐뜯을 사람이 어찌 세 사람뿐이겠습니까? 나중에 저를 헐뜯는 사람이 있거든 시비를 분명히 판단하시기 바랍니다."

과연 방공이 짐작한 대로 그가 떠나자 왕 앞에 많은 사람이 와서 근거 없는 소문을 퍼뜨렸습니다. 결국 방공이 한단에서 돌아온 뒤에도 왕은 그를 다시 부르지 않았습니다.

끈질긴 중상모략은
멈출 줄을 모르기에

나쁜 마음을 먹고 남을 모함하며 헐뜯는 사람들은 끈질기게 중상모략을 일삼고 헛소문을 날조해냅니다. 처음에는 그럴 리가 없다고 무시해도 비슷한 말을 끊임없이 지어내어 모함을 하면 가랑비에 옷 젖는 격으로 차츰 귀가 솔깃해지고, 그 말을 그럴 듯하게 여기다가 끝내 사실로 받아들이게 됩니다.

세 사람만 말해도 가볍게 믿어버리는데 더 많은 사람이 말한다면 사실을 확인하지도 않고 바로 믿게 될 것입니다. 객관적인 여러 가지 사례를 들어서 대조하고 따져보지 않고 남의 말만 들으면 절대 진실을 알 수 없습니다. 우리 주변에는 의도적으로 조작한 정보가 얼마나 많을까요? 아무리 여러 사람이 하는 말이라도 또는 아무리 평소 믿을 만한 사람이 하는 말이라도 근거가 확실한지 면밀하게 따지고 분석하여서 판단해야 실수가 줄어듭니다. 이 이야기에서 근거 없는 말이라도 여러 사람이 되풀이하여 말하면 곧이 듣고 믿게 된다는 뜻을 가진 삼인성호三人成虎라는 성어가 생겨났습니다.

변방 노인의
지혜

옛날 중국의 어느 국경 가까운 지방에 세상의 이치를 잘 아는 노인이 살았습니다. 어느 날 그 집의 말이 갑자기 국경 밖으로 달아나 흉노라는 오랑캐의 땅으로 들어가 버렸습니다. 이웃 사람들은 모두 안타까워했지만 노인은 오히려 이렇게 말했습니다. "이번 일이 좋은 쪽으로 바뀔지 어찌 알겠소?"

몇 달이 지나 그 말은 흉노의 암말 한 마리를 몰고 돌아왔습니다. 이웃 사람들이 이번에는 축하하러 오자 노인이 말했습니다. "이 일이 좋지 않은 일로 바뀔지도 모르지요."

집에 좋은 말이 생기자 아들은 말을 즐겨 탔는데 그러다 그만 사고가 나고 말았습니다. 말에서 떨어져 다리를 다친 것이지요. 이웃 사람들이 위로하러 오자 노인이 말했습니다. "이것이 좋은 일이 될지도 모르지요."

한 해가 지나자 흉노가 침입해왔습니다. 부근의 장정들은 대부분 전쟁터에 나가야 했고 열에 아홉은 전사하여 다시 돌아오지 못했습니다. 그러나 다친 다리 때문에 출정하지 못한 노인의 아들은 아버지와 함께 목숨을 건질 수 있었습니다.

행복과 불행은
한 끗 차이

행복과 불행은 변화무상합니다. 행복이 언제나 행복으로 이어지는 것도 아니고, 불행이 언제나 불행으로 끝나는 것도 아닙니다. 행복이 오로지 행복인 것도 아니고, 불행이 오로지 불행인 것도 아닙니다. 행복이니 불행이니 하는 것을 따로 떼어서 생각하면 단견에 사로잡혀 일희일비하게 됩니다.

사람의 모든 일은 거미줄처럼 서로 복잡하게 이어져 있기 때문에 행복이 불행한 일을 가져오기도 하고, 불행이 행복한 일을 만들어내기도 합니다. 전화위복 轉禍爲福(근심, 걱정이 바뀌어서 오히려 복이 됨)이니, 흥진비래 興盡悲來(즐거운 일이 다하면 슬픈 일이 닥쳐온다는 것)니, 고진감래 苦盡甘來(쓴 것이 다하면 단 것이 옴, 고생 끝에 즐거움이 온다는 뜻)니 하는 말은 모두 삶의 상황이 언제나 반대 국면으로 바뀔 수 있음을 의미합니다. '인간만사 새옹지마 塞翁之馬'라는 말이 바로 앞의 우화에서 유래했습니다. 이를 중국 사람들은 새옹실마 塞翁失馬라고 합니다.

입술이 없으면
이가 시린 법

춘추시대, 진나라가 작은 괵나라를 차지하기 위해 군사를 동원했습니다. 진나라의 군대가 괵나라를 치려면 우나라를 지나가야만 했기 때문에 진나라의 임금 헌공은 우나라 임금에게 수극이라는 땅에서 나는 진귀한 벽옥을 뇌물로 바치고 길을 빌려달라고 부탁했습니다.

　우나라의 대부 궁지기가 임금에게 간언을 했습니다. "그들의 요구를 들어주어서는 안 됩니다. 우나라와 괵나라는 입술과 이 같은 사이입니다. 입술이 없으면 이가 시립니다. 입술이 없는데 이가 어떻게 지탱할 수 있겠습니까? 우리가 괵나라와 서로 돕는 까닭은 두 나라가 서로에게 은덕을 베풀기 위한 것이 아닙니다. 저마다 자기 생존을 위한 것입니다. 진나라가 괵나라를 치도록 내버려둔다면 강대한 진나라가 괵나라를 차지한 다음에는 우리나라가 망할 것입니다."

우나라 임금은 궁지기의 말을 듣지 않고 진나라의 헌공이 준 벽옥을 받고 길을 빌려주었습니다. 그리고 괵나라를 빼앗은 진나라는 돌아오는 길에 우나라를 쳤습니다.

모든 사물은
유기적 연관 속에 존재한다

이는 노자의 "안정된 상태에서는 유지하기가 쉽고, 징조가 나타나기 전에는 도모하기가 쉽다(其安易持也, 其未非易謀也)" 하는 말을 예화로 풀이한 이야기입니다. 우나라가 궁지기의 말을 듣고서 괵나라와 튼튼하게 단합을 유지했더라면 망하지 않았을 것입니다. 우나라나 괵나라나 자기 힘만으로는 강대한 진나라의 침략을 막아낼 수 없지만 두 나라가 단합을 하면 아무리 강한 군대여도 쉽게 넘보지 못할 터이기 때문입니다. 그래서 진나라가 길을 빌려야 할 아쉬운 상황에 있을 때 우나라의 처지에서는 괵나라와 동맹을 잘 유지하기만 해도 강대한 진나라의 침입을 막을 수 있고, 난을 방비하기 쉬웠을 겁니다. 그러나 괵나라가 망하고 나서는 돌이킬 수 없었습니다. 서로 의지해야만 지탱하고 생존할 수 있는 관계에 있는 두 나라는 어느 한 나라의 존망存亡이 그대로 자기 나라의 존망과 연결됩니다. 이때 다른 나라를 돕는 것은 일방적 도움을 주는 것이 아니라 사실은 자기를 위하는 길인 것입니다.

이 이야기에서 유래한 순망치한脣亡齒寒(입술이 없으면 이가 시리다는 뜻, 서로 이해관계가 밀접한 사이에 어느 한쪽이 망하면 다른 한쪽도 그 영향을 받게 된다는 의미)이라는 말은 지금도 일상생활에서 자주 쓰입니다. 사물은 단독으로 생존할 수 없습니다. 서로 유기적 연관 속에서 생존하고 존립하는 것입니다. 한 사물이 소멸하면 서로 의존 관계에 있는 사물뿐만 아니라 심지어 적대 관계에 있는 사물조차도 존립의 근거가 사라집니다.

1950년대 중국에서 있었던 일입니다. 당시까지도 절대 다수의 인민이 농사를 짓고 살았는데 농촌의 생산력이 아주 낮은 편이었습니다. 그래서 생산력을 늘리는 방법의 하나로 농사에 해로운 네 가지 짐승과 벌레인 참새와 쥐 그리고 모기와 파리를 박멸하는 운동을 벌였습니다. 그리하여 1958년 한 해에만 2억 마리가 넘는 참새를 잡아 없앴다고 합니다. 처음에는 여물어가는 쌀을 해치는 참새가 없어서 많이 수확할 줄 알았는데 참새가 없어지니 참새가 잡아먹던 곤충의 애벌레, 메뚜기 따위가 기승을 부려서 더 혹심한 흉년이 들어 수천만 명이 굶어 죽었다고 합니다.

　미국에서는 이런 일도 있었습니다. 한 유명한 국립공원에 늑대가 많아서 근처 농가의 가축이나 작은 야생 동물을 잡아먹는 바람에 큰 골칫거리가 되었습니다. 공원 관리자들은 아예 늑대를 소탕하기로 하여 다 없애버렸습니다. 그러자 사슴이 엄청나게 불어나서 풀은 물론 나무줄기와 뿌리까지도 갉아먹어서 숲이 황폐해지고 사람도 살기 어려운 형편이 되었습니다. 그래서 이번에는 늑대 몇 마리를 숲에 들여 놓았습니다. 늑대가 사슴을 잡아먹자 사슴의 숫자가 적절하게 줄어서 숲이 다시 우거지고 국립공원의 생태계가 안정되었다고 합니다.

자네가
물고기의 기분을
어찌 아나?

어느 날 장자가 친구 혜시와 함께 산책을 나갔습니다. 그들이 호수의 다리 위에 이르렀을 때, 장자는 작은 물고기 한 마리가 자유로이 헤엄쳐 다니는 꼴을 보고 이렇게 말했습니다. "여보게, 저 물고기는 아주 즐거운가 보군."

그러자 혜시가 말했습니다. "자네는 물고기도 아니면서 물고기가 즐거워하는지 어떻게 안단 말인가?"

장자가 되물었습니다. "그럼 자넨 내가 아니면서 물고기가 즐거워하는지 아닌지 내가 알 수 없을 거라는 사실을 어떻게 안단 말인가?"

혜시가 대답했습니다. "내가 자네가 아닌 이상 자네 생각이 어떤지는 물론 모르지. 그렇지만 자네도 물고기가 아닌 이상 물고기의 기분이 어떤지 모를 것 아닌가?"

장자가 설명했습니다. "우리 한번 자세히 따져보세. 방금 자네가 나더러 물고기가 즐거워하는지 어떻게 아느냐고 물은 것은, 내가 물고기가 즐거워하는 것을 알고 있다는 사실을 자네도 벌써 알고 있었다는 것 아닌가? 내가 어떻게 그것을 알았겠나? 이 다리 위에 왔을 때 물고기가 이리저리 자유롭게 헤엄치는 꼴을 보고 즐거워한다고 생각한 거라네."

만물일체의
자유자재한 경지

혜시의 논조는 당사자가 아니면 그 감정을 알 수 없다는 것입니다. 그래서 장자도 같은 논법으로 '너는 내가 아닌데 어떻게 내 감정을 아느냐?' 하고 반문한 것이지요. 그러자 다시 혜시가 '나는 네가 아니니까 너를 모르는 것처럼, 너도 물고기가 아니니까 물고기의 즐거움을 모르는 게 확실하다'라고 주장합니다. 혜시의 주장은 삼단논법에 따라 정연하게 이루어졌습니다. 먼저 혜시의 반론을 정리하면 다음과 같습니다.

대전제 : 당사자가 아니면 당사자의 감정을 알 수 없다(물고기가 아니면 물고기의 감정을 알 수 없다).

소전제 : 장자는 당사자인 물고기가 아니다.

결론 : 따라서 장자는 물고기의 감정을 알 수 없다.

다음으로 장자의 반론을 정리하면 다음과 같습니다.

대전제 : 그 사물이 아니면 그 사물의 감정을 알 수 없다(장자가 아니면 장자가 물고기의 즐거움을 아는지 모르는지 알 수 없다).

소전제 : 혜시는 장자가 아니다.

결론 : 따라서 혜시는 장자가 물고기의 즐거움을 아는지 모르는지 알 수 없다.

그러니까 혜시가 자기 전제를 강하게 주장하면 할수록 장자가 물고기의 즐거움을 모른다는 주장을 입증할 수 없습니다. 결국 장자의 논리적 함정에 빠지는 셈이지요. 원래 논점으로 돌아가면 혜시는 자가당착自家撞着(말이나 행동이 앞뒤가 맞지 않고 모순됨)에 빠집니다.

논리적인 문제는 그렇다 치고, 이 우화의 요점은 만물일체의 경지에 서면 대상과 나 사이의 구별이 없어지고 자유자재한 상태에 이른다는 내용입니다.

산을 옮기겠다는
우공의 결심

태항산과 왕옥산은 사방이 칠백 리이고 높이가 만 길이나 되었습니다. 이 두 산은 본래 하북 지방과 산서 지방 사이에 있었습니다. 이 산 북쪽에는 나이가 아흔이나 된, 어리석고 늙었다는 뜻의 이름을 가진 우공이라는 사람이 살고 있었습니다.

그의 집 앞에 바로 태항산과 왕옥산이 앉아 있어서 이 집안 사람들은 어디를 가자면 아주 먼 길을 돌아서 다녀야 했습니다. 우공은 너무나 불편하여 태항산과 왕옥산을 옮기려는 뜻을 세웠습니다. "얘들아, 우리가 모두 힘을 모아서 저 두 산을 옮기는 게 어떻겠느냐? 저 산만 옮긴다면 우리는 곧바로 하남으로

갈 수도 있고 한수를 건널 수도 있지. 내 생각이 어떠냐?"

두 산 때문에 먼 길을 돌아서 다니느라 고생했던 터라 식구들은 두말할 까닭이 없었습니다. 그런데 아내가 의문을 제기했습니다. "당신의 나이는 이미 아흔이 넘었고 자식도 몇 안 되는데 어떻게 산을 옮긴단 말이오? 겨우 언덕 하나도 옮길 수 없을텐데 태항산과 왕옥산을 옮긴다니요. 옮긴다 한들 거기서 파낸 흙과 깨뜨린 돌덩이는 어디다 버릴 참이오?"

식구들이 모두 나서서 말했습니다. "발해 바닷가나 동북쪽 땅끝으로 가서 버리지요." 이리하여 우공과 아들과 손자, 삼대의 세 사람이 파낸 흙과 깨뜨린 돌을 들것에 담아 발해로 옮겼습니다. 이웃집에 경성이라는 사람의 청상과부가 있었는데 그의 유복자가 겨우 예닐곱 살 나이로 돕겠다고 나섰습니다. 발해까지 흙을 한 번 실어 나르고 돌아오니 추운 계절이 지나가고 더운 계절이 돌아왔습니다.

우공의 오랜 친구 가운데 슬기로운 늙은이라는 뜻의 지수라는 사람이 있었습니다. 그는 사람의 힘으로는 절대로 이룰 수 없는 일이니 공연히 헛수고하지 말라고 충고했습니다. "어리석은 친구 같으니, 살날이 얼마나 남았다고. 힘은 또 어떻고. 자네는 산의 한 귀퉁이도 건드리지 못할 걸세. 또 파낸 흙과 돌은 어떻게 하고."

우공은 탄식하며 이렇게 말했습니다. "자네야말로 도무지 생각이 돌덩이처럼 딱딱하군. 자네의 궁리라는 것이 청상과부의 어린애만도 못하네. 내가 죽으면 내 아들이 있고, 아들은 또 손자를 낳을 테고, 손자도 아들을 낳을 테니까 한 세대, 한 세대의 자손은 끝없이 이어지겠지만 산은 한 치라도 높아질 리 없으니 내 결심이 정해진 이상 언젠가는 산을 다 옮길 수 있지 않겠는가?"

지수 노인은 뭐라고 대답할 말이 없었습니다. 그리고 두 산의 산신령은 우공의 굳은 결심을 듣고서 산이 없어질까 두려워 하느님에게 가서 이 사실을 알렸습니다. 그 말에 하느님은 크게 감동하여서 신통한 힘을 가진 과아 씨의 두 아들에게 명령하여 두 산을 옮기게 했습니다. 하나는 고비 사막의 동쪽으로 옮기고, 다른 하나는 섬서와 감숙 사이로 옮겼습니다. 그때부터 하북과 산서의 남쪽에서 한수까지의 땅이 평평해졌습니다.

포기하지 않으면
언젠가는 성공에 이르는 법

이 우화에서 유래된 우공이 산을 옮긴다는 뜻의 '우공이산愚公移山'이라는 고사성어는 무슨 일이든지 백절불굴百折不屈의 정신으로 온갖 곤란을 무릅쓰고 뜻을 세워서 꾸준히 일을 추진하면 언젠가는 성공한다는 의미로 쓰입니다.

그러나 아무리 굳은 결심을 세워서 적극적으로 일을 한다 해도 객관적 조건을 고려하지 않으면 성공에 이르기가 쉽지 않습니다. 편견이나 선입견에 가로막힌 지식은 오히려 무지보다 못합니다. 하느님이 도와줬다고 하니 망정이지, 발해까지 한 번 갔다 오는 데 반년씩이나 걸린다면 정말 한두 사람의 힘으로 이룰 수 있는 일이겠습니까? 그렇지만 정말로 일평생을 바쳐서 높은 바위산에 굴을 뚫는다든지, 아득한 절벽에 계단을 깎는다든지 하는 놀라운 기적을 이루는 사람이 더러 있기는 합니다. 이런 사람들의 업적이야말로 참으로 우공이산이라 하겠지요.

우공 이야기의 교훈은 빨리 일을 성취하고 결실을 얻으려고 덤비지 말고, 우직하게 계속 노력하면 언젠가는 커다란 결실을 맺을 수 있다는 것입니다. 한시라도 빨리 목적을 달성하겠다는 욕심을 버리고 의식하지 않으면 오히려 더 빨리 달성할 수 있습니다. 쉬지 않고 노력하되 서두르지만 않는다면 아무리 적은 양을 모으더라도 끝내는 높이 쌓을 수 있고, 아무리 큰 것이라도 차츰차츰 덜어내어서 없앨 수 있습니다. 겉으로 드러나는 크기나 속도에 마음이 흔들린다면 지혜롭다고 할 수 없습니다.

우공은 어리석은 노인이라는 뜻의 이름을 가졌지만 반드시 어리석지는 않고, 지수 노인의 이름은 슬기로운 노인이라는 뜻이지만 반드시 슬기롭지는 않습니다. 사람들은 자기의 지식에 의거해서 모든 것을 속단하는 경향이 있는데 이 우화는 그런 모습을 경계하라는 의미도 갖고 있습니다.

오늘날은 각종 중장비가 발달하여서 산 하나쯤 옮기는 일은 너무나 쉬운 일이 되어버렸습니다. 옛날에는 사람의 힘으로 산을 옮기기가 거의 불가능했기 때문에 오히려 적극적인 개척 정신의 상징으로 여겨지던 우공의 고사를 이제는 너무나 쉽게 산을 옮길 수 있다는 사실 때문에 역설적으로 되새기게 됩니다. 수많은 생명이 수천수만 년 함께 살아오던 터전을 몇 년 살지도 못할 인간들이 순전히 정치 논리 때문에 또는 당장의 이익

때문에 우공이 되어서 산을 들어내고, 바다와 갯벌을 메웁니다. 결국 백두에서 한라까지 평지가 되고, 다도해가 메워져서 땅이 되어야 만족할까요? 한번 깊게 생각해봐야 하는 문제입니다.

먼 친척보다
이웃사촌

노나라의 왕 목공은 이웃 나라인 제나라와 동맹을 맺지 않고, 오히려 노나라에서 먼 진나라와 초나라에 아들들을 인질로 보내 노나라가 어려움을 당할 때 그들의 도움을 얻으려고 했습니다.

이서라는 대신이 목공에게 말했습니다. "어떤 사람이 큰 강에 빠져 죽어가는데 언덕에 있는 사람이 '월나라 사람들이 헤엄을 가장 잘 치니 빨리 사람을 보내 구조를 요청하게나'라고 한다면 이 사람은 살아날 수 있겠습니까?"

목공이 웃으며 말했습니다. "말도 안 되오. 월나라가 얼마나 먼데, 월나라 사람이 아무리 헤엄을 잘 쳐도 구하러 오기 전에 이미 죽을 겁니다."

이서가 다시 물었습니다. "그렇다면 노나라의 수도에 큰 화재가 발생했는데 어떤 사람이 '바다에 물이 가장 많으니 빨리 사람을 보내서 바닷물을 길어다 불을 끄자'라고 한다면 되겠습니까?

목공이 말했습니다. "안 되고말고요. 바닷물을 길어 오기도 전에 수도는 잿더미가 되겠지요."

이서가 말했습니다. "그렇습니다. 먼 데 있는 물로는 가까이에서 일어난 불을 끌 수 없습니다. 지금 진나라와 초나라가 매우 강대하기는 하지만 노나라에서 멀리 떨어져 있습니다. 노나라에 갑자기 어려움이 생겨서 그들의 도움을 받으려 하는 것은 멀리 있는 물로 가까이 있는 불을 끄려고 하는 것과 같습니다. 제나라가 우리의 이웃나라이니 제나라와 국교를 맺지 않으면 실로 매우 위험합니다."

답은 언제나
가까운 곳에 있다

바닷물은 아무리 길어도 다하지 않고 아무리 퍼내도 마르지 않지만 수백 리 떨어진 수도에 난 불을 끄는 데는 아무런 도움이 되지 않습니다. 마찬가지로 중국 땅 서쪽에 있는 진나라와 남쪽에 있는 초나라가 아무리 강한 나라라고 하더라도 산동에 있는 노나라에서는 멀리 떨어져 있기 때문에 실제로 위급한 상황에서는 별 도움이 안 됩니다. 객관적 조건이 충족된다 하더라도 구체적 조건과 상황이 맞지 않으면 무분별하게 적용할 수 없습니다.

멀리 있는 물로는 가까이 일어난 불을 끄지 못한다는 말은 먼 데 있는 것은 절박한 때에 도움이 되지 않는다는 말입니다. 먼 데 있는 친척보다 가까운 이웃이 낫다는 속담도 이와 비슷한 뜻을 갖고 있지요.

노나라 사당의
기울어진 그릇

어느 날 공자가 제자들과 함께 노나라 환공의 사당을 참배하였습니다. 제상에 기울어진 그릇이 놓인 것을 발견하고서 사당지기에게 물었습니다. "저것은 무슨 그릇이오?"

사당지기가 말했습니다. "환공께서 늘 가까이 두고 좌우명으로 삼으시던 의기歆器라는 그릇입니다."

"그래! 그 용도를 알겠구나." 공자는 제자를 돌아보며 말했습니다. "어서 가서 맑은 물을 길어다 부어 보아라."

제자 한 사람이 큰 바가지에 맑은 물을 길어 와서 천천히 부었습니다. 모두들 숨죽이며 지켜보았습니다. 그릇은 물이 조금

들어가자 기울기 시작하더니 중간까지 물이 차자 반듯하게 서고, 마침내 주둥이까지 가득 차니 펑 소리를 내며 뒤집혔습니다. 모두들 신기하여 아무 말도 하지 못하고 공자만 바라보았습니다.

공자는 손뼉을 치며 감탄했습니다. "그렇구나, 세상에는 가득 차면 뒤집히지 않는 것이란 없구나."

제자 자로가 물었습니다. "선생님, 이 그릇이 비었을 때는 기울어져 있다가 중간쯤 찼을 때는 반듯하게 섰고, 가득 찼을 때는 뒤집혔습니다. 여기에 무슨 이치가 있는 것입니까?"

공자가 제자에게 대답했습니다. "그렇고말고. 사람됨도 이 기울어진 그릇과 같다. 총명하고 박식한 사람은 자기의 어리석은 면을 볼 줄 알아야 하고, 공적이 높은 사람은 겸손하고 사양할 줄 알아야 한다. 용감한 사람은 두려워할 줄 알아야 하고, 부유한 사람은 근검절약할 줄 알아야 한다. 겸손하게 물러나면 손해를 보지 않는다고 하는 것도 이런 이치이다."

지나침도
모자람도 없는 이치, 중용

모든 사물에는 적절한 한도가 있습니다. 어느 한쪽으로 기울거나 치우치지 않고 지나침도 모자람도 없는 적정한 한도를 '중용中庸'이라 합니다. 항상 일어나는 일과 대상 사물의 반대 측면을 함께 고려해야 실패하지 않습니다. 이것이 중용을 지키는 방법입니다. 지나치면 덜고 모자라면 채워서 적정하게 유지해야 하는 것입니다.

기울어진 그릇이라는 뜻의 의기는 '사이펀(높은 곳에 있는 액체를 기압차와 중력을 이용해 낮은 곳으로 옮길 수 있도록 만들어진 연통관)' 원리가 적용된 그릇입니다. 고대 헬라스(그리스)에서는 이런 잔을 '피타고라스의 컵'이라 했다고 합니다. 우리나라에도 조선시대에 계영배戒盈杯라 하여 술을 가득 채워서 마시지 못하게 하는 잔이 있었다고 합니다.

사람은 누구나 욕구와 욕망을 가지고 있습니다. 욕구가 없다면 삶을 살아갈 수 없습니다. 그러나 욕구나 욕망을 추구하되 지나치게 가득 채우면 반드시 나쁜 결과를 얻게 됩니다.

아주 배가 고픈 사람은 음식을 보면 허겁지겁 가능한 한 많이 먹으려고 탐을 내지요. 그러나 자꾸 먹다 보면 배가 부르고 더 배를 채우면 배가 아프거나 큰 탈이 납니다. 적절한 충족으로 만족할 줄 알아야 탈이 나지 않습니다. 그러므로 겸손하면 얻고 가득 차면 손실을 불러일으키게 되는 것이지요.

사람과 물고기와
기러기

제나라에 전 씨라는 성을 가진 대귀족이 살고 있었습니다. 그의 집에는 식객이 무려 천 명이 넘었고 생활도 아주 윤택했습니다.

    하루는 그의 집에서 넓은 뜰에다 큰 잔치를 베풀었는데 손님 가운데 물고기와 기러기를 예물로 바친 사람이 있었습니다. 주인은 그것을 보고 아주 기분이 좋아져서 이렇게 말했습니다. "하느님께서는 내게 정말 잘해주시는구나. 자네들은 이 물고기와 기러기를 좀 보게. 내 배를 즐겁게 해주려고 생긴 것이 아니겠나?"

그 자리에는 나이가 열두어 살쯤 된 포씨 집안의 아이가 있었는데 그 아이가 일어나서 이렇게 말했습니다. "저는 어르신 생각에 찬성하지 않습니다. 사람도 천지 만물 가운데 하나일 뿐입니다. 크기나 지력이 달라 생물계에 약육강식이 있다지만 하늘이 누구를 위해 누구를 태어나게 한 것은 결코 아닙니다. 사람은 먹을 만한 것을 골라 먹지만 이러한 것들을 하느님이 특별히 사람을 위해 나게 했다고 할 수 있을까요? 마찬가지로 모기가 사람의 피를 빨아먹고, 호랑이가 사람의 고기를 먹지만 하늘이 특별히 그들을 먹이기 위해 사람을 만든 것이라 하기는 어렵지 않습니까?"

인간 본위의
가치관을 버려라

영국의 어느 입담 좋은 작가가 이런 말을 했다고 합니다. "젖소에게 젖꼭지가 네 개 있는 까닭은 둘은 송아지에게 젖을 주고, 나머지 둘은 사람에게 우유를 공급하도록 하느님이 창조했기 때문이다." 웃자고 한 말인지는 모르지만 전형적인 인간 본위의 사고방식이 아닌가요? 식물이나 동물을 분류할 때 식용이니 약용이니, 익충이니 해충이니 따위로 분류하는 것도 순전히 인간 중심의 발상입니다.

『구약성경』에서는 하느님이 천지를 창조하고 인간을 창조한 다음, 낟알을 내는 풀과 씨가 든 과일나무를 인간에게 주어서 낟알과 과일로 양식을 삼게 했다고 합니다. 그리고 온갖 짐승에게도 풀을 먹이로 주었다고 합니다. 옛날 중국의 학자 동중서도 『춘추번로』에서 이렇게 말했습니다. "천지가 만물을 만든 까닭은 사람을 위해서이다. 그러므로 먹을 수 있는 것으로는 몸을 유지하고 위세를 부릴 만한 대상은 복종시킨다."

세상을 하느님이나 또는 신령한 그 무엇이 어떤 목적을 위해서 만들었다는 견해는 통치 목적이나 인위적 관점에서 세계를 신학적·목적론적으로 해명하는 것일 뿐 과학적 설명이라고 할 수는 없습니다.

생물은 살아가기 위해서 다른 생물이나 무생물을 먹어야 합니다. 생물의 먹이 사슬에서 포식자와 피식자의 관계는 필연적이거나 절대적인 관계가 아닙니다. 환경에 적응하는 과정에서 형성된 관계일 뿐이지요. 최상위 포식자인 사람도 다른 생물의 먹이가 됩니다. 기생충과 박테리아와 갖가지 균의 숙주가 되기도 하고, 죽으면 미생물의 먹이가 되어서 분해됩니다. 이처럼 어떤 생물도 다른 생물의 먹이가 되어야 할 운명이나 목적으로 생겨난 것은 아닙니다.

신학적 세계관이든 과학적 세계관이든 모두 나름대로 가치가 있습니다. 무엇이든 인간 본위나 자기 본위로 생각해서는 안 됩니다. 영국의 철학자 베이컨Francis Bacon 또한 인간의 분별과 판단이 '허깨비'일 수 있으니 늘 경계하고 조심해야 한다고 지적했습니다. 이를 두고 '종족의 우상'이라고 하였지요.

창과 방패

초나라에 창과 방패를 파는 사람이 있었습니다. 어느 날, 창과 방패를 팔러 나가서 먼저 방패를 들고 떠들었습니다. "이 방패로 말씀드릴 것 같으면 단단하기 짝이 없어서 아무리 날카로운 창이라도 뚫지 못합니다."

잠시 뒤에는 창을 들고 자랑을 늘어놓았습니다. "이 창은 아주 날카로워서 아무리 단단한 방패라도 뚫을 수 있습니다."

옆에서 듣고 있던 사람이 웃음을 참지 못하고 물었습니다. "그럼 당신의 그 창으로 그 방패를 찌르면 어떻게 되겠소?"

말문이 막힌 상인은 아무 대답도 하지 못했습니다.

두 명제가 동시에
참이거나 거짓일 수 없는 것

형식 논리학에서 "A는 비非A가 아니다(A는 A 아닌 것이 아니다)." 또는 "A는 B인 동시에 B가 아니라고 할 수 없다"와 같은 형식을 모순율(모순 원리)이라고 합니다. 명제로 예를 들면 '어떤 명제도 참이면서 동시에 거짓일 수 없는' 경우에 모순율이 적용됩니다. 이와 같이 형식 논리뿐만 아니라 일상생활에서 흔히 쓰는 모순이라는 말이 이 우화에서 나왔습니다. 물론 여기서 말하는 모순은 앞뒤가 맞지 않는 상반된 주장을 펴서 논리적으로 상충하는 것을 뜻하지, 자연이나 사회 속에 존재하면서 사회를 변혁하는 동력이 되는 모순을 가리키는 것은 아닙니다.

원래 『한비자』에 나오는 이 우화의 의도는 상고시대를 이상 사회로 설정한 유가 사상의 주장을 비판하기 위한 것입니다. 한비자의 논리는 다음과 같습니다.

고대 중국의 태평성대 시절이었던 요순시대, 공자는 성인인 요임금이 다스리던 시절에 순이 어질어서 사람들을 감화시켰다고 칭찬했다. 즉 요가 천자이며 성인인데 순 또한 어진 사람이라는 것이다. 그러나 요와 순 두 사람이 동시에 성인이거나 현인일 수는 없다. 그 까닭은 다음과 같다. 순이 덕을 베풀어서 민생을 안정시켰다면 요는 제대로 된 군주라 할 수 없고, 요의 통치가 제대로 이루어졌다면 순이 민중을 감화시킬 일이 없기 때문이다.

만일 순이 남들을 감화시켰다면 이는 요가 잘 다스리지 못했다는 뜻이다(요가 성인일 수 없다). 만일 요가 성인이라고 한다면 그는 나라를 잘 다스렸을 것이다(순이 남들을 감화시킬 필요가 없었다). 따라서 순은 현인일 수 없다.

한비자에 의하면 이 둘 역시 마치 창과 방패 같은 관계인 것입니다.

공자

공자(기원전 551~479)는 고대 중국의 유가 사상가입니다. 유가란 고대 중국 사회에서 국가와 사회의 전례를 담당하던 전문 지식인 집단인 유자의 학파를 가리키는 말입니다. 유가의 사상을 종교 사상의 측면에서 일컬을 때는 유교, 이들의 학문을 중심으로 부를 때는 유학이라고도 합니다.

유교의 가르침은 사람과 사람, 사람과 사회, 사람과 국가 간의 올바른 관계를 탐구하는 사상입니다. 공자는 이전부터 전해지던 유학을 철학 사상으로 발전시켰습니다. 공자가 정리하고 발전시킨 유교는 옛날 중국은 물론 한국과 일본, 베트남에 퍼져서 동아시아 문화의 바탕을 이루었습니다.

공자는 사람에게 가장 중요한 문제는 사람과 사람이 서로 사랑하고, 사람이 사람답게 살아가는 일이라 하였습니다. 이렇듯 사람이 사람다움을 두고 공자는 인仁이라 하였습니다. 그러니까 사람이 인을 생각하고 인을 실천하지 않으면 짐승과 별 다르지 않다는 말입니다. 어떤 사람은 남을 아주 심하게 괴롭히고 지나치면 목숨을 위협하기도 합니다. 이런 사람은 사람으로서 사람다움을 잃어버린 것이지요.

공자는 이런 생각을 퍼뜨리려고 오랫동안 여러 이웃 나라를 돌아다녔습니다. 공자가 살아가던 당시는 크고 작은 여러 나라가 중국 대륙 여기저기에 흩어져 있었습니다. 이들 나라들은 저마다 크고 강한 나라가 되려고 하였습니다. 나라가 크고 부유하고 강하게 되려면 이웃의 작은 나라를 쳐서 차지해야만 했지요. 그래서 전쟁이 끊이지 않고 일어났습니다. 전쟁이 일어나면 누가 가장 피해를 볼까요? 당연히 일반 인민이지요.

남자들은 전쟁터에 끌려 나가 싸우다 다치거나 죽고, 농사를 지을 남자가 없으니 여자와 아이들, 노인들이 겨우 농사를 지어서 농업 생산량이 아주 낮아집니다. 이처럼 젊고 기운 센 남자는 다치거나 죽고 농업 생산은 아주 낮아지면 사회는 어지러워지고 나라는 무너지게 됩니다. 그렇게 되면 인민은 더 큰 고통을 겪지요. 이렇게 고대 중국 세계에서 수백 년 동안 여러 나라가 저마다 크고 강한 나라가 되려고 끝없이 전쟁을 하던 시기를 춘추전국시대라고 하는데 공자는 이 춘추전국시대를 대표하는 사상가입니다.

공자가 살던 시기는 주나라를 중심으로 형성된 봉건 질서가 무너지며 중국 내에서 나라와 나라들이 서로 전쟁을 일삼고, 나라 안에서도 크고 작은 세력들이 서로 각축을 벌이는 혼란의 소용돌이에 휩쓸리던 때였습니다. 공자는 이런 사회의 혼란을 안정시키려면 신분·지위에 따라 정해진 권리와 의무를 수행하고, 군주와 신하, 부모와 자식이 서로 예의를 바탕으로 자기

의 명분을 지키고, 윗사람은 아랫사람을 아끼고 아랫사람은 윗
사람을 공경하는 사회를 회복해야 한다고 생각했습니다. 그러
자면 먼저 책임이 큰 윗사람이 덕을 갖춰야 합니다. 왜냐하면
그들의 사회적 영향력이 더 크기 때문입니다.

　공자는 덕을 갖춘 어진 임금이 다스리는 사회를 꿈꿨습니다.
덕을 지니고 어진 정치를 펴는 군주에게는 인민이 스스로 복종
을 하여, 이와 같이 인민이 군주의 통치에 스스로 복종하는 사
회라야 안정되고 평화로운 체제가 오랫동안 이어질 수 있다고
생각했습니다. 군주는 어진 덕으로 나라를 다스리고, 신하는 자
기 직분에 충실하며, 어버이는 자애롭고, 자식은 부모에게 효
도하며, 젊은이는 어른을 공경하여 위아래 모든 사람들이 예를
지키는 사회를 바람직한 이상 사회라고 본 것입니다. 그리고
이러한 예의 기본 정신을 인간다움에 두었습니다. 모든 사람이
인간다움, 곧 인을 이루려고 노력하는 삶을 살아야 한다고 주
장하였습니다.

공자는 이와 같이 인간다움을 추구하는 이상 사회를 이루려는 신념을 품고서 여러 나라를 돌아다니며 임금들을 만나 설득하려고 하였습니다. 그러나 눈앞의 이익에 사로잡힌 힘 있는 신하들이나 큰 나라를 이루고자 하는 꿈에 눈이 먼 여러 나라의 임금들은 공자의 말을 현실에 어두운 생각이라고 여기고서 듣는 둥 마는 둥 하였습니다. 온갖 어려움을 무릅쓰고 이 나라, 저 나라를 찾아다니다 실망을 한 공자는 늘그막에 고향으로 돌아와 제자를 길러서 후세에라도 좋은 사회와 나라가 만들어지기를 바랐습니다. 공자가 동아시아 문화를 대표하는 사상가가 될 수 있었던 까닭은 바로 이렇게 제자를 길러서 교육을 하고 이들을 가르치기 위한 고전을 모아 정리하여서 후세에 남겨주었기 때문입니다. 공자가 중국과 동북아시아는 물론 인류 사회에 끼친 가장 중요한 공적은 바로 이러한 고전을 수집, 정리하여 제자들에게 전수해주었다는 데 있습니다.

공자가 당시에는 뜻을 이루지 못했지만 그가 길러낸 제자들이 여러 나라에서 활동을 하고 또 그들이 제자를 길러내서 지금까지 공자의 학문과 사상이 전해지며 동아시아 여러 나라에서 유교 문화를 꽃피웠습니다. 세계 모든 사람이 서로 사랑하고 사람다운 품위를 지키기를 바라는 공자의 꿈은 지금도 사라지지 않고 우리에게 큰 희망과 용기를 줍니다.

세 번째 숲

눈앞의 이익만
좇는 어리석음을
경계해요

아내의 죽음을
노래한 장자

장자의 아내가 죽어서 제자들과 친구들이 조문을 갔습니다. 친구인 혜시도 서둘러 달려와서 빈소에 들어갔더니 장자가 두 다리를 뻗고 머리를 풀어헤친 채 관 옆에 주저앉아 있었습니다. 아내의 죽음 따위는 아랑곳하지 않는다는 듯이 동이를 두드리며 노래까지 부르고 있었습니다. 조문을 온 사람들은 하나같이 이 기묘한 광경에 넋이 나간 듯 한쪽에서 멍하니 바라보고 있었습니다.

혜시는 몹시 화가 나서 동이를 배앗으며 나무랐습니다. "이 노망든 늙은이야! 한평생을 같이 살며 자식을 낳아서 길러주고 이제는 함께 늙어가던 자네 부인이 죽었는데 이게 무슨 짓인가? 슬퍼하지도 않고 곡하지도 않는 건 그렇다 치세. 동이를 두드리며 노래까지 부르다니 이건 너무하지 않은가?"

장자가 이렇게 대답했습니다. "자네 말은 잘못됐네. 내 아내가 죽어서 자네들도 모두 슬퍼하는데 나라고 슬프지 않을 리 있겠는가?"

"그렇다면 왜 동이를 두드리며 노래를 부르는 건가?"

"이제야 생각해보니 사실 사람이 본래 생명을 가졌다고 말할 것도 없더란 말일세. 생명이 없었을 뿐 아니라 몸도 없었지. 몸이 없었을 뿐만 아니라 기운도 없었단 말이야."

혜시는 화를 내며 욕설을 퍼부었습니다. "무슨 말도 안 되는 소리인가?"

"이런 거지." 장자는 웃으며 말했습니다. "사람은 원래 혼돈 가운데 섞여 있다가 천천히 기가 생기고, 그 기가 모여서 몸이 되고, 몸이 생명으로 변한 것뿐이네. 이제 죽었으니 원래 모습을 회복한 것에 지나지 않아. 이것은 춘하추동 사계절의 순환과 같은 거야. 이제 아내는 천지라는 큰 방에서 편히 누워 쉬고 있는 참인데 내가 곁에서 방성통곡을 해보게. 천명을 너무 모르는 것이 아니겠나? 그래서 곡을 하지 않는 거라네."

죽음으로부터
배워야 하는 것들

삶과 죽음은 사람에게 가장 근본적인 물음입니다. 죽음이란 개인에게는 삶의 종말이고, 사람 사이에서는 관계의 단절입니다. 그래서 누구나 죽음을 꺼려하고 아쉬워하며 죽은 이를 기억하고 기념하여서 장엄하게 꾸밉니다. 종교와 예술, 문학과 철학은 커다란 의미를 부여하여서 갖가지 방법으로 죽음을 설명하려고 합니다.

그러나 장자는 죽음을 계절의 흐름처럼 자연스러운 변화의 일부로 받아들였습니다. 생명은 끊임없이 기가 돌고 움직이고 모였다 흩어지고 변화하여서 이루어진 것이므로 죽음 또한 기가 변화하는 모습 중 하나입니다. 이합집산離合集散, 곧 흩어져 있다 만나고, 모였다가 다시 흩어지는 것입니다. 우리는 장자의 태도를 통해 삶과 죽음의 본질을 깨달아 죽음을 자연스러운 변화로 받아들임으로써 이를 긍정적으로 받아들이는 자세를 배울 수 있습니다.

라틴어 격언에 '죽음을 기억하라 Memento mori!'라는 말이 있습니다. 고대 로마시대 원정에서 승리하여 시가행진을 하는 장군의 뒤에 노예를 붙여 이 말을 외치게 했다고 합니다. 지금은 승리하여 온 세상을 얻은 것처럼 뿌듯하겠지만 내일은 전쟁에 패하여서 죽을 수도 있으니 늘 겸손한 마음의 자세를 가지라는 뜻입니다. 사람은 누구나 죽습니다. 당장 내일이라도 죽을 수 있다는 사실을 가끔씩이라도 의식한다면 지금 이 순간의 삶을 더 충실하고 더 의미 있게 살려고 하지 않을까요? 언젠가는 죽을 사람이 아등바등하며 더 많은 것을 가지려고 온갖 악행을 일삼는다면 그런 삶이 무슨 의미가 있을까요?

궁정 앞에
횃불을 밝혀두고
인재를 찾다

제나라의 임금 환공은 관중을 재상으로 임용하여 개혁 정치를 펴고 국력을 부강하게 함으로써 춘추시대 제일의 패자가 되었습니다. 그는 어진 선비를 모집한다는 자신의 결심을 나타내기 위해 밤낮으로 궁정 앞에 횃불을 밝혀두고 각지에서 찾아오는 인재를 맞이할 준비를 했습니다. 그러나 웬일인지 횃불이 꼬박 1년째 타오르도록 아무도 찾아오지 않았습니다.

어느 날 동쪽 교외에서 어떤 시골뜨기가 찾아와 만나기를 청하면서 자기는 구구단을 외우는 재능을 가지고 있다고 말했습니다. 환공은 그가 너무나 가소로워서 사람을 보내 이렇게 말했습니다. "구구단 외우기는 대단치도 않은 작은 기술에 지나지 않는데 그걸 가지고 나를 만나러 왔다고?"

시골뜨기가 대답했습니다. "궁정 앞에 횃불을 밝혀둔 지 1년이 넘었어도 아무도 오지 않았다고 하더군요. 임금님은 뛰어난 재능과 원대한 계략을 가진 군주이기 때문에 감히 누구도 오지 못하는 것입니다. 저의 구구단 외우기는 말할 것도 없이 별 볼 일 없는 기술이지요. 그렇지만 임금님께서 저를 예우하신다는 소문이 퍼지면 참으로 재능 있는 참된 배움을 가진 사람들이 오지 않을 리 없을 겁니다. 태산이 높은 것은 자갈 하나도 물리치지 않기 때문입니다. 강과 바다가 깊은 것도 작은 시내를 받아들였기 때문입니다. 『시경』에도 나오듯이 옛날 총명한 군주는 큰일이 생기면 나무꾼과 농부에게도 가르침을 청했다고 합니다. 이렇게만 한다면 많은 사람의 지혜를 모아 큰 효과를 거둘 수 있을 것입니다."

그 이야기를 들은 환공은 연신 고개를 끄덕거리며 이 시골뜨기를 융숭하게 대접했습니다. 과연 한 달이 못 가서 사방의 유능한 인재가 앞다투어 몰려들었습니다.

세상에
쓸모없는 사람은 없다

제나라 환공은 춘추시대 제일의 패자입니다. 패자란 앞서 설명했듯 여러 이웃한 나라들이 서로 돕기로 약속한 동맹국 체제의 우두머리를 말하지요. 이런 정치 체제를 두고 패도 정치라고 하는데 공자도 환공의 패도 정치를 상당히 좋게 평가했습니다. 현대 동아시아 역사학에서도 패도 정치가 서주 봉건제와 진·한 제국의 과도기에 잠정적인 질서를 유지할 수 있도록 뒷받침해준 것으로 평가합니다.

환공이 패자가 되고 나라를 번영시킬 수 있었던 데에는 인재 정책이 아주 중요한 역할을 했습니다. 환공은 제후가 되기 전에 본인과 신분이 같았던 둘째 형인 공자 규와 경쟁 관계에 있었습니다. 환공과 규가 서로 권력을 차지하려고 다투는 도중에 규의 참모였던 관중이 환공에게 활을 쏘아서 죽을 뻔한 위기를 겪기도 했습니다. 그러나 환공은 제나라의 군주가 되고 나서 포숙의 추천을 받아 자기를 죽이려 했던 관중을 등용하여서 패도 정치를 주도하였습니다.

이를 통해 지도자가 열린 마음으로 인재를 등용해야 유능한 인재가 몰려들게 됨을 알 수 있습니다. 아주 작은 능력이라도 버리지 말고 적절한 장소에 쓴다면 세상에 쓰지 못할 능력이란 없는 것이지요.

어리석은 이가
신발을 사는 법

정나라의 어떤 사람이 새 신발을 사기 위해서 볏짚으로 자기 발의 치수를 재두었습니다. 그러나 막상 시장에 갈 때 깜빡 잊고서 그 볏짚을 두고 집을 나서고 말았지요. 그것도 모르고 시장에 이르러 가게로 들어가서 마음에 드는 신발을 골랐습니다. 그러나 아무리 주머니를 뒤져도 치수를 잰 볏짚이 없는 것이었습니다. 그는 급히 점원에게 말했습니다.

"내가 치수를 재놓은 걸 깜빡 잊고 가져오지 않았소. 빨리 집에 가서 가지고 와야겠소." 그러고는 서둘러 집으로 달려갔습니다.

다시 집으로 돌아와 치수를 잰 볏짚을 가지고 시장에 갔더니 가게 문이 닫혀서 결국 신발을 살 수 없었습니다. 이 말을 들은 어떤 사람이 충고했습니다. "자기 신발을 살 때는 직접 신어 보면 될 텐데 무슨 치수가 필요하단 말인가?"

신발을 사려던 사람이 대답했습니다. "나는 치수는 믿을 수 있어도 내 발은 믿을 수 없다네."

현실을 보지 못하는
맹목적 교조주의

이 우화는 맹목적으로 원리나 교조만 믿고 객관적 실제를 믿지 못하는 사람을 풍자한 우화입니다. 볏짚도 결국 자기 발에다 대고 잰 것이 아닌가요? 발을 내밀면 그것이 곧 치수일 텐데 발은 믿지 못하고 발을 재놓은 치수만 믿겠다니 책에서만 진리를 찾고 실제에서 검증할 줄 모르는 사람, 즉 아무 소용없는 헛된 말인 공리공담空理空談만 일삼고 현실을 모르는 이가 바로 치수는 믿어도 발은 믿지 못하는 사람입니다.

실사구시實事求是가 무엇입니까? 실제에서 진리를 찾자는 말이 아닙니까? 그런데 현실에는 뜻밖에도 눈으로 보는 사실도 받아들이지 않고 권위 있는 사람의 견해만 맹목적으로 받아들이며 옛날에 배운 케케묵은 학설이나 낡은 이론을 무조건 따르는 이들이 적지 않습니다. 이론은 현실에서 일어난 사실을 하나로 꿰어서 설명하기 위해 생겨난 생각의 체계입니다. 그러므로 상황이 달라지거나 사실을 설명할 수 있는 조건이 더 자세하게 밝혀지면 이론도 바뀌는 것입니다. 과학의 진리는 새로운 사실이 밝혀져서 수정되기 전까지만 진리로써 설 수 있습니다.

우물 안 개구리

풀숲에 진흙으로 덮인 우물이 있었습니다. 우물 속에는 개구리 한 마리가 살고 있었습니다. 어느 날 개구리가 우물가에 앉아서 땀을 식히고 있는데 길 잃은 바다거북 한 마리가 기어 왔습니다. 기어 오는 거북이를 보고 개구리는 신이 나서 불렀습니다. "빨리 오거라, 가엾은 거북아. 어서 와서 아름다운 내 낙원을 보렴."

거북이가 우물가 난간으로 기어 와서 고개를 빼고 우물 속을 들여다보니 푸르스름하게 썩어 있는 야트막한 물이 보였습니다. 개구리는 자랑스럽게 우물을 가리키며 말했습니다. "아마

너는 지금까지 이런 즐거움을 누려보지 못했을걸. 나는 저녁 무렵이면 우물가에서 땀을 식히고 밤에는 깨진 항아리 틈으로 들어가 잠을 자지. 물 위에 떠서는 달콤한 꿈을 꾸고 진흙 위에서는 편안하게 뒹굴고 놀지. 저 올챙이나 게 따위야 나의 즐거움에 비할 것이 못 된단다."

개구리는 입에 침을 튀기며 점점 더 신이 나서 지껄였습니다. "봐라! 여기가 전부 내 세상이다. 나는 나 하고 싶은 대로 할 수 있어. 들어와서 한번 구경하지 않겠니?"

거북이는 우물로 기어들어갔습니다. 그러나 오른쪽 다리가 다 들어가기도 전에 왼쪽 다리가 꽉 끼어버렸습니다. 할 수 없이 거북이는 몸을 돌려 개구리에게 말했습니다. "개구리야, 너는 큰 바다에 대해서 들어본 적이 있니?"

개구리는 고개를 저었습니다. 거북이가 말했습니다. "나는 큰 바다에서 산단다. 깊고 넓은 바닷물은 끝없이 망망하지. 수천 리 너른 들도 비교가 안 된단다. 수만 길 되는 높은 봉우리도 바다 속에 집어넣으면 그림자도 보이지 않을 거야. 우임금 시절에는 10년 동안 아홉 번이나 홍수가 났어도 바닷물은 한 치도 불어나지 않았고, 탕임금 시절에는 8년 동안 일곱 번이나 가

뭄이 들었어도 한 뼘도 줄지 않았지. 나는 큰 바다에서 아무런 거리낌 없이 자유로이 떴다 가라앉았다 한단다. 어때, 큰 바다의 즐거움이 어떤지 알겠니?"

개구리는 눈만 끔벅거리며 입을 딱 벌린 채 한참 동안 아무 말도 하지 못했습니다.

나의 세계가
세상의 전부가 아님을 깨닫는 것

정저지와 井底之蛙, 말 그대로 '우물 안 개구리'란 견문이 좁고 고루하면서 자기가 아는 것을 전부인 양 착각하는 사람을 가리키는 말입니다. 자기만의 세계에 고립되어서 현상에 안주하는 사람을 이르는 말로도 쓰입니다.

본인이 속한 사회나 지역, 따르는 사상이나 이념, 믿는 종교만이 최고의 진리이자 유일한 가치라고 믿는 사람도 우물 안 개구리입니다. 본인이 믿는 것을 소중하게 여기고 긍지를 갖는 것은 좋은 일이지만 그것만을 절대적인 것으로 여긴다면 자기

것조차도 객관적으로 알지 못하고 제대로 아끼지 못하는 것이지요. 우물 안 개구리처럼 본인이 있는 곳을 가장 좋고 절대 유일한 세계로 생각하고, 남들에게도 들어오라고 강권하고 강요하는 일은 타인을 불편하게 만듭니다. 물론 개구리는 거북이의 얘기를 들은 뒤 더 넓은 세계에 놀라기라도 했지만요.

'책을 한 권만 읽은 사람을 경계하라!' 하는 격언이 있습니다. 아예 책을 읽은 적이 없어서 스스로 무지하다고 생각하는 사람은 남의 말을 듣고 받아들이려는 마음을 가질 수 있지만 얕게 알면서 자기가 아는 것을 전부로 여기는 사람은 도무지 넓은 세계를 알 수 없습니다. 넓은 세계에 나가려면 자기에게 익숙한 좁은 우물 안을 벗어나려는 용기가 필요합니다. 개구리에게는 작은 우물이 충분히 만족스러운 공간이지요. 그러나 이 공간에만 머물면 또 다른 세계가 있다는 사실을 영영 알지 못합니다.

이 이야기에서 유래된 고사성어가 좌정관천坐井觀天입니다. 비슷한 성어로 용관규천用管窺天도 있습니다. 대롱으로 하늘을 엿본다는 말입니다. 모두 식견이 좁아 깊은 도리를 알지 못하는 것을 가리키는 성어지요.

선왕의
활 솜씨

제나라 선왕은 활쏘기를 좋아하여 왕궁 벽에 온갖 활을 걸어 두었습니다. 그는 온 힘을 다해 활시위를 당겨도 겨우 3석짜리 활만 당길 수 있을 뿐이었지만 신하들이 팔심이 남보다 뛰어나서 강궁(탄력이 센 활)을 쏠 수 있다고 아부해서 칭찬해주면 아주 좋아했습니다.

주연이 있을 때마다 선왕이 화려하게 장식을 한 활을 들고 나와서 크게 기합을 넣고 시위를 당기면 순식간에 문무백관이 큰 소리를 지르고 박수갈채를 퍼부으며 소리 높이 외쳤습니다. "왕께서는 신과 같은 힘을 갖고 계십니다!"

선왕은 기분이 좋아져서 좌우 대신들에게 활을 주고 돌아가
며 쏘아 보도록 했습니다. 대신들은 활을 잡고 이를 악물고는
한참 동안 활을 절반쯤 당기다가 도무지 당길 수 없는 체했습
니다. 어떤 사람은 '허리가 저리다' 하고 다른 어떤 사람은 '어
깨가 마비될 지경'이라고 하는 둥 일제히 선왕의 힘에 경탄하
는 체 떠들어댔습니다.

"이 활은 9석짜리보다 낫습니다. 왕이 아니면 누가 이것을
다룰 수 있겠습니까?" 이렇게 아첨을 하면 왕은 수염을 쓰다듬
으며 만족스럽게 웃었습니다. 겨우 3석짜리 활을 다룰 수 있을
뿐인데도 그는 끝까지 자기가 9석짜리 활을 다룰 줄 안다고 생
각했습니다.

헛된 영광과 명예에
머무르지 않을 것

선왕은 강궁이라는 헛된 명예만 추구하고, 아첨하는 사람의 달
콤한 말을 즐기다가 평생 허상과 환상 속에서 살고 말았습니

다. 이름만 얻고 실상을 잃어버린 것이지요. 선왕이 이처럼 허상에 빠져서 평생을 마치게 된 데는 권력에 기생하여 아첨하면서 권력자의 눈과 귀를 막아버리고 환심을 사서 자기 이익만 챙기는 간신들이 주된 역할을 했습니다. 권력자의 주위에는 언제나 눈과 귀를 막아서 정당한 판단을 하지 못하게끔 하고 자기 이익을 챙기는 무리가 들끓습니다. 관료는 권력자의 기호에 영합하여서 비위를 맞추고, 학자는 곡학아세曲學阿世(정도를 벗어난 학문으로 세상 사람에게 아첨함)하고 궤변을 늘어놓아 권력자의 의중을 그럴듯하게 이론적으로 꾸며댑니다.

『명심보감』에 이런 말이 있습니다. "나의 착한 점을 말하는 사람은 나에게는 도적이요, 나의 나쁜 점을 말하는 사람은 나의 스승이다(道吾善者是吾賊, 道吾惡者是吾師)." 물론 나를 좋게 말하는 사람이 모두 도적이라는 말은 아닙니다. 그러나 듣기 좋은 말을 들으면 기분이 좋아서 마냥 들뜨지 말고 반드시 내가 그런 칭찬을 들을 만한가 살펴보고, 나의 나쁜 점을 지적하는 말을 들었을 때 스스로 반성하여 고쳐나간다면 인격을 닦아나갈 수 있을 겁니다.

사람은 누구나 타인의 인정을 받고자 합니다. 그러나 때로는 인정을 받으려는 마음이 너무 지나쳐서 엉뚱한 행동을 하거나 특이한 차림을 하게 되곤 합니다. 아주 심하면 자기와 남을 해쳐가면서까지 주목을 받으려고 하기도 합니다. 남의 인정을 받기는 쉽지 않습니다. 그렇지만 본인부터 스스로를 인정하지 못하면 남의 인정도 받을 수 없습니다. 늘 자기 삶을 돌아보고 충실하게 가꾸어나간다면 스스로 자신감을 갖게 되고, 또 남들로부터 인정도 받을 수 있습니다. 제나라 선왕처럼 귀에 달콤한 추어주는 말에 취하면 끝내 속임수를 벗어나지 못한 채 결국 우스운 사람이 되겠지요.

아침엔 네 개,
저녁엔 세 개

송나라에 원숭이를 기르는 할아버지가 있었습니다. 그는 원숭이를 아주 좋아하고 잘 길러서 원숭이들이 불어나서 많은 무리를 이루었습니다. 오랜 세월이 흐르자 할아버지는 원숭이들의 성질을 잘 이해하게 되었고, 원숭이들도 그의 마음을 알아차렸습니다. 할아버지는 그럴수록 집안 식구들은 굶길지언정 원숭이들만큼은 잘 챙겨 먹였습니다.

오래지 않아 집안의 양식이 다 떨어지려 할 즈음, 원숭이들의 밥을 줄이자니 그들이 싫어할 것 같아 걱정이 되었습니다. 그래서 먼저 원숭이들에게 물어보았습니다. "이제 양식이 떨어져 가니 양을 줄여야 한다. 오늘부터 도토리를 아침에는 세 개, 저녁에는 네 개를 주겠다. 어떠냐?"

이 말을 들은 원숭이들은 펄쩍펄쩍 뛰면서 이빨을 드러내고 으르렁거리며 불만을 나타냈습니다.

"좋아, 좋아." 노인은 급히 말했습니다. "그러면 아침에는 네 개, 저녁에는 세 개를 주지. 그러면 되겠지?"

원숭이들은 머리를 흔들고 꼬리를 붙잡고서 땅바닥을 기어 다니며 아주 좋아했습니다.

당장의 차이만
신경 쓰는 어리석음

이 우화에서 비롯한 '조삼모사朝三暮四'는 교묘한 수법으로 남을 속이는 일이나 사람의 마음이 변화 다단하고 반복무상함을 비유한 말로 쓰이는 고사성어입니다. 그러나 원래 의도는 사물의 진상을 깨닫지 못한 사람이 양면을 동시에 보지 못하고서 궁극적으로는 하나임을 모르는 것을 가리키는 말입니다.

원숭이들은 당장의 이익에 눈이 어두워서 그만 분별의 세계를 넘어서면 결국은 똑같다는 사실을 몰랐습니다. 사람도 마찬가지입니다. 눈앞의 사태에 사로잡히면 그 뒤에 더 높은 경지가 있음을 알지 못합니다. 더 높은 경지의 세계는 어느 한 가지 측면을 절대시하는 독선의 세계, 당장의 이해득실을 영악하게 따지는 모순의 세계가 아니라 서로 대립하는 양자를 동시에 고려하고 전체를 하나로 보는 세계이자 사물의 본질을 있는 그대로 보는 세계입니다.

목마른 붕어

장자는 집안이 아주 가난했습니다. 어느 날 먹을 것이 다 떨어져서 황하를 감독하는 관리에게 양식을 꾸러 갔습니다. 관리가 이렇게 말했습니다. "좋소, 백성이 조세를 낼 때까지 기다렸다가 삼백 냥을 꾸어드리지요. 그러면 되겠습니까?"

장자는 그 말을 듣고 화가 나서 이렇게 말했습니다. "제가 어제 이리로 오는데 길에서 누군가 외치는 소리가 들리지 뭡니까? 사방을 둘러보다가 수레바퀴에 패인 바짝 마른 도랑에 붕어 한 마리가 가로누워 있는 것을 보았습니다. 제가 물었지요. '붕어야, 어쩌다 이렇게 됐지?' 붕어가 대답하더군요. '저는 동해에서 왔어요. 곧 말라죽을 것 같아요. 제게 물을 한 바가지만 주셔서 살려주셔요.' 저는 이렇게 말했습니다. '좋아. 내가 마침 오나라와 월나라로 가는데 그곳의 임금들을 설득해서 장강의 물을 너에게 끌어다 대주겠다. 그러면 되겠지?'

그러자 붕어가 몹시 헐떡이면서 이렇게 말했습니다. '제가 물속을 떠나 여기에 외롭게 누워 있기 때문에 당신에게 물 한 바가지로 살려달라고 간청하는 것입니다. 장강을 끌어다 저를 살려주겠다는 당신의 호의는 고맙지만 물을 끌어오기도 전에 일찌감치 건어물 좌판에서 저를 찾는 쪽이 훨씬 나을 겁니다' 라고 하더군요."

절실한 때의
아주 작은 도움의 힘

목이 타는 붕어에게는 장강의 물보다 당장의 물 한 바가지가 필요한 것처럼 양식이 없는 사람에게는 연말에 세금을 거두어서 천금을 빌려주는 것보다 당장 끼니를 때울 양식을 주는 것이 더 필요합니다.

　물론 장기적으로는 근본적인 생계 대책을 세워주는 것이 중요하지만 당장에는 긴급한 구호 대책이 더 절실한 것입니다. 우선 급한 불을 끄고 다시 불이 나지 않도록 대책을 세워야 하는 것처럼 말이지요. 이렇게 곤경에 빠지고 궁지에 몰려 시급히 도움을 필요로 하는 처지를 가리켜서 '학철지부 涸轍之鮒(수레바퀴 자국에 괸 물속의 붕어)'라고 합니다.

닭 잡는 데
어찌 소 잡는 칼을

공자가 어느 날 제자들과 함께 무성 땅에 갔습니다. 그곳은 자유라는 제자가 맡아서 다스리는 작은 고을입니다. 자유가 무성 땅을 잘 다스린다는 소문이 났습니다. 자기 몸가짐을 바르게 하고, 나라를 다스리고, 사람이 사회생활을 할 때 지켜야 할 예의를 가르치는 공자는 자유가 스승인 본인에게서 배운 가르침을 어떻게 활용하고 있나 살펴보기 위해 간 것입니다.

　고을로 들어서자 마을마다 평화로운 분위기가 물씬 나고, 동네와 골목에 뛰어 노는 아이들은 하나같이 밝은 얼굴이었습니다. 들에 서 있는 농부들도 일에 찌들어 고생하는 표정이 아니라 서로 도와가며 부지런히 일을 하는 모습을 보였습니다. 시내로 들어가니 관공서나 학교와 같은 공공건물에서 거문고나 비파와 같은 여러 악기를 타고, 악기에 맞춰서 사람들이 노래하는 소리가 들려오는 것이 아니겠습니까? 커다란 대도시에서 전문적으로 음악을 익힌 사람들이 연주할 법한 고상하고 우아한 음악을 아주 조그마한 시골 고을에서 연주하고 노래하는 것이었습니다.

공자는 자신을 맞이하러 나온 자유에게 빙그레 웃으면서 말했습니다. "닭을 잡는 데 소 잡는 칼을 쓰느냐?"

자유는 제 딴에는 스승의 가르침을 충실히 따라 고을을 잘 다스리고, 백성의 문화 수준을 높였다고 자부하여 스승에게 칭찬을 들을 줄로 잔뜩 기대하고 있었는데 공자가 농담 비슷한 말을 던지니 자기를 비꼬는 줄로 알고 정색하며 말했습니다.

"선생님! 선생님께서는 전에 군자가 도를 배우면 아랫사람을 사랑하고, 소인이 도를 배우면 윗사람을 잘 따른다고 하셨잖습니까? 그래서 예절과 음악을 열심히 가르친 것입니다."

자유가 너무 정색을 하고 덤비는 바람에 공자는 그만 머쓱해져서 따라온 제자들에게 말했습니다.

"그래, 그래. 얘들아! 자유의 말이 맞다. 방금 한 말은 농담이었다."

필요한 곳에 필요한 사람을, 적재적소

예절과 음악은 공자가 나라를 다스리고 인간관계를 맺는 가장 중요한 수단으로 강조한 것입니다. 사람은 누구나 똑같은 권리를 지니고 태어나지만 사회에서는 저마다의 위치와 역할을 갖게 됩니다. 어떤 사람은 조직의 우두머리가 되고, 어떤 사람은 중간에서 관리를 하고, 어떤 사람은 아래에서 맡은 일을 합니다. 예절은 이렇게 사회생활을 하는 사람과 사람 사이에서 신분과 위치, 역할에 따라 상대방을 서로 존중하기 위해 정해놓은 규칙과 질서 같은 것입니다. 규칙과 질서는 사람의 행동을 하나하나 다듬고 갈라서 지위나 역할에 따라 할 수 있는 일과 할 수 없는 일, 해야 할 일과 해서는 안 되는 일을 정하고 구분합니다.

음악은 서로 다른 악기가 한데 어울려서 아름다운 소리를 냅니다. 모든 악기가 똑같은 소리를 낸다면 우선은 듣기 편할지 몰라도 금방 물려버리고 아름다움을 느끼지 못합니다. 그러므로 음악에서는 서로 다른 악기가 어울려서 화음을 이루는 조화가 중요합니다.

공자는 사회가 발전하려면 질서와 규칙을 가르치는 예절과 조화를 추구하는 음악이 꼭 필요하다고 생각했습니다. 그러나 막상 자유가 다스리는 무성 땅에 갔을 때, 온 고을에 고상한 음악이 들리는 것을 보고서는 닭 잡는 데에 굳이 소 잡는 칼을 쓸 필요는 없다고 비꼬았습니다. 무성은 작은 고을이니 상부상조하는 풍속과 힘든 일을 할 때 여흥으로 부르는 노래 정도면 충분할 텐데 자유가 고지식하게 한 나라를 다스리는 데 필요한 수준의 거창한 예절과 음악을 썼기 때문에 그렇게 말했던 것입니다. 그러다가 자유가 정색을 하며 평소 가르침을 충실히 적용하려고 한 것이라고 말하자 공자는 농담이었다고 얼버무리며 제자의 노력을 인정하였습니다.

나라를 다스리든 고을을 다스리든 간에 그 원리는 같습니다. 그런 만큼 공자 역시 평소의 가르침을 충실하게 좇아서 작은 고을이라도 예절과 음악으로 다스리려고 한 자유가 속으로는 대견하기도 했을 터입니다. 그러나 한편으로는 자기가 처한 맥락이나 형편은 고려하지 않고 가르침을 곧이곧대로 적용하려는 자유의 고지식함에 절로 웃음이 나왔을 것입니다. 그래서 농담 삼아 한마디를 툭 던졌는데 아니나 다를까 자유는 스승이 자신의 노력을 몰라준다고 서운해했습니다.

자신의 노력을 몰라준다고 서운해서 정색하고 항의하는 자유와 고지식하고 충직한 제자를 농담으로 추어주는 공자의 대화 속에는 제자의 설익은 열정까지도 감싸 안아서 한 인재로 다듬으려는 스승의 따뜻한 가르침 그리고 스승의 가르침이라면 철저하게 실천하려는 제자의 알뜰한 마음이 담겨 있습니다.

이는 "닭 잡는 데 소 잡는 칼을 쓰랴?" 하는 속담의 유래가 된 이야기입니다. 이 속담이 지금은 인재는 적재적소에 써야 하고, 유형무형의 연모도 적합한 것을 적절한 장소에 써야 한다는 뜻으로 쓰고 있습니다.

아첨에 대한
충고

제나라의 재상 안영이 죽은 지 17년째 되던 해였습니다. 어느 날 제나라 임금인 경공이 여러 신하들과 활을 쏘면서 술을 마시는 잔치를 베풀었습니다. 경공의 차례가 되어 활을 쏘자 과녁을 맞힐 때마다 여러 신하들이 약속이나 한 듯이 한목소리로 훌륭하다고 외쳤습니다.

그러나 경공은 얼굴빛을 찡그리며 한숨을 길게 쉬고 활과 살을 내던져버렸습니다. 마침 현장이라는 신하가 들어오자 경공이 그에게 말했습니다. "현장, 내가 안영을 잃은 지 17년이 되었소. 그 뒤로 내 잘못을 지적하는 말은 한 마디도 들어본 적이 없소. 내가 방금 활을 쏘아 과녁을 맞혔더니 훌륭하다고 칭찬하는 소리가 한 사람 입에서 나온 듯하더이다."

이 말을 듣고 현장이 대답했습니다. "이는 여러 신하들이 못난 탓입니다. 그들은 슬기로운 임금일지라도 잘못하는 점이 있다는 것을 알지 못하고, 임금의 기분을 건드리며 바른 소리를 할 만큼 용기도 없습니다. 그러나 한 가지는 있습니다. 임금이 좋아하는 것이 무엇인지를 잘 안다는 것입니다. 신하들은 임금이 좋아하는 것을 따르고 또 임금이 즐겨 먹는 것을 먹습니다. 자벌레는 누런 잎을 먹으면 몸 빛깔이 노래지고 파란 잎을 먹으면 파래집니다. 혹시 임금님께서 아첨하는 사람들의 말을 좋아하시는 것은 아닌지요?"

경공이 불현듯 깨닫고 이렇게 말했습니다. "훌륭한 말이오. 그대의 말을 들어보니 그대가 임금이고 내가 신하 같소."

마침 그때 바닷가에 사는 사람이 물고기를 진상했습니다. 경공이 수레 오십 대의 몫을 현장에게 상으로 내렸습니다. 현장이 돌아가는데 물고기를 실은 수레가 장안을 가득 메웠습니다. 현장이 수레를 모는 사람의 손을 어루만지며 이렇게 말했습니다. "방금 임금님이 활을 쏘았을 때 훌륭하다고 소리친 이들은 실은 모두 이 물고기를 얻고 싶어 하던 사람들이네. 옛날 안영 선생님은 상을 사양하고 임금의 잘못을 바로 잡았네. 그래서 임금의 허물도 감출 수가 없었지. 지금 여러 신하들은 아첨해서 이익을 얻으려고 과녁을 맞히자마자 한목소리로 훌륭하다고 칭찬했던 것이야. 내가 임금님을 보좌한 보람을 아직 남들에게 보이지 못했는데 이렇게 많은 물고기를 상으로 받다니 이를 가진다면 안영 선생님의 가르침을 어기는 일이 된다. 상을 바라고 아첨하는 저 사람들과 뭐가 다르겠느냐?"

현장은 물고기를 사양하고 받지 않았습니다.

쓴소리를 대하는 올바른 자세

아첨하는 사람에게는 반드시 목적이 있습니다. 환심을 사서 이득을 챙기려는 것이지요. 권력자와 부귀한 자의 주변에는 이런 아첨꾼들이 몰려 있습니다. 그러나 아첨꾼의 말을 배척하고 뼈아픈 충고를 들을 줄 알아야 발전할 수 있습니다.

경공은 안영의 충고를 기꺼이 받아들여서 나라를 잘 다스려 왔기 때문에 그가 죽고 나서 아무도 충고하는 사람이 없자 충직한 직언이 얼마나 소중한지를 깨달았습니다. 안영이 사라진 뒤, 오랜 시일이 지나도록 그처럼 충고하는 사람이 없다는 사실은 충고하는 사람이나 받아들이는 사람이나 그만큼 서로가 서로를 만나기 어렵다는 사실을 알려줍니다.

사실 안영이 죽은 뒤 충고하는 사람이 없었다는 것은 한편으로 생각하면 경공이 은연중에 충고를 꺼리고 아첨하는 말만 들었기 때문입니다. 현장은 권력자가 아첨을 좋아하기 때문에 아랫사람들이 아첨하는 것이라고 지적했습니다. 상을 바라고 알랑거리는 아첨꾼들은 아무것도 얻지 못했지만 현장은 충직하게 충고했기 때문에 도리어 많은 상을 받았습니다.

그러나 그는 안영이 충고를 통해 군주를 바로잡고 나라를 바로 다스리려고 했을 뿐 개인의 명예나 이익을 추구하지 않았다는 점을 들며 상을 사양했습니다. 상을 바라고 충고하는 것은 옳지 않습니다. 공익을 앞세우고 청렴을 지키는 안영의 정신을 본받은 현장의 태도도 참 훌륭합니다. 또한 아첨하는 말들 속에서 뼈아픈 충고를 찾은 경공도 당시로서는 보기 드문 군주입니다.

장자의
나비 꿈

무더운 여름 한낮에 장자는 나무 밑에서 더위를 식히다가 깜빡
잠이 들었습니다. 꿈속에서 그는 오색찬란한 커다란 나비가 되
었습니다. 나비가 된 그는 향기가 진동하는 꽃밭에서 훨훨 춤
을 추었는데 그렇게 즐거울 수 없었습니다. 그래서 자기가 원
래 장자라는 사실도 잊어버렸습니다.

　그때 갑자기 한줄기 서늘한 바람이 쏴아 불어왔습니다. 별안
간 장자는 잠을 깨고 나서야 자기가 장자인 줄 알았습니다. 그
는 정신이 몽롱한 채 사방을 둘러보고 나서 뒤통수를 쓰다듬으
며 혼자 중얼거렸습니다. "아아, 이게 어떻게 된 일이지? 도대

체 내가 나비가 된 꿈을 꾼 것인지, 나비가 내가 된 꿈을 꾼 것인지. 참 이상도 해라, 나와 나비는 반드시 다른 존재일 텐데."

꿈이라는
거대한 세계

그 유명한 장자의 호접몽胡蝶夢 이야기입니다. 장자의 나비꿈은 동아시아 문화사에서 문학과 예술, 철학 사상에 엄청난 영향을 미쳤습니다. 한단지몽邯鄲之夢, 남가일몽南柯一夢, 일장춘몽一場春夢과 같은 온갖 고사성어와 『홍루몽紅樓夢』,『옥루몽玉樓夢』,『구운몽九雲夢』 등의 이른바 '몽자류夢字類 소설'의 시원이 되는 이야기입니다. 우리나라 사람인데 독일에서 활동한 윤이상이라는 세계적으로 유명한 음악가가 있었습니다. 윤이상 음악가가 작곡한 오페라 「나비의 미망인」도 바로 이 장자의 호접몽을 제재로 삼은 작품입니다.

꿈은 잠재의식의 세계입니다. 사람들은 상식적으로 깨어 있을 때와 잠들어 있거나 의식이 작용하지 않을 때를 구분합니다. 그리하여 잠들어 있을 때와 잠재의식의 세계를 자기 삶에서 도외시합니다. 그러나 잠재의식은 '나'라는 한 사람을 구성하는 반면입니다. 장자는 호접몽을 통해 의식과 잠재의식, 현실과 꿈의 이분법을 넘어서 나의 의식 세계를 전체의 하나로 보았습니다.

본인만의 관점에 사로잡혀서 사물의 전체적인 국면을 보지 못하고, 개별 사물이 각기 개성을 지니면서도 하나로 화해和諧됨을 알지 못하는 사람은 장자의 나비 꿈을 이해할 수 없습니다. 사물은 개별적인 존재로 고정돼 있지 않고 언제나 서로 기대어 있습니다. 꿈은 현실과, 현실은 꿈과, 장자는 나비와, 나비는 장자와 서로 자유자재로 넘나들며 하나가 됩니다. 이런 세계를 깨달을 때 개성이 살아 있으면서도 전체가 조화로운 사회를 만들 수 있을 것입니다.

화씨의 벽옥

화씨 성을 가진 초나라 사람이 아직 다듬지 않은 원석의 옥 한 덩어리를 주워서 초나라 여왕厲王에게 바쳤습니다. 여왕이 옥 세공사에게 감정을 시켰더니 세공사가 말했습니다. "이것은 평범한 돌덩이입니다."

왕은 크게 노하여서 화씨의 왼쪽 발을 잘라버렸습니다. 그 뒤, 여왕이 죽고 무왕이 즉위했습니다. 화씨는 또 무왕에게 벽옥 원석을 바쳤습니다. 무왕이 옥 세공사에게 감정을 시켰더니 여전히 벽옥이 아니라 돌덩이라고 하는 것이었습니다. 그래서 무왕은 화씨의 오른쪽 발을 잘라버렸습니다.

얼마 뒤, 무왕이 죽고 문왕이 즉위했습니다. 화씨는 그 옥돌을 품고 형산 아래에 앉아서 사흘 밤낮을 피눈물이 흐르도록 울었습니다. 이 이야기를 들은 문왕이 사람을 보내 화씨에게 물었습니다. "세상에 형벌을 받아 발이 잘린 사람이 한둘이 아닌데 왜 그리 구슬프게 울고 있느냐?"

화씨가 말했습니다. "저는 두 발을 잃었기 때문에 우는 것이 아니라 벽옥 원석을 돌덩어리로 여기고 충성을 속임수로 여기는 것이 마음 아파서 웁니다."

문왕이 화씨가 벽옥의 원석이라고 바친 돌덩이를 쪼개 보게 했더니 과연 진짜 벽옥이 나왔습니다. 훗날 사람들은 이 옥돌을 '화씨의 벽옥'이라 불렀습니다.

다듬지 않은 원석을
볼 줄 아는 눈

누구나 진귀한 보배를 탐내지만 그 가치를 알아보기는 쉽지 않습니다. 더구나 가공되지 않은 원석일 때는 더욱 알아보기 어

렵습니다. 이 우화는 참된 인재를 알아보고 쓰기가 그만큼 어렵다는 것을 비유한 이야기입니다.

『한비자』에 나오는 이 우화의 원래 의도는 부국강병의 법술을 군주에게 건의하는 것이 그만큼 어렵다는 사실을 알려주고자 함입니다. 한비자는 자기가 갈고닦은 법가의 이론이야말로 사회현실의 부조리를 바로잡고 국가를 부강하게 만들 수 있다고 생각했습니다.

그가 생각하기에 귀족들은 사사로운 이익과 욕망을 추구하느라 국가의 공적 이익을 심각하게 위반하고 있었습니다. 원석 상태의 벽옥 덩어리는 한비자가 주장하는 법가의 부국강병 이론을 뜻합니다. 옥을 바치려고 한 화씨는 한비자와 같은 법가 학자입니다. 그리고 벽옥 덩어리를 두 번이나 잘못 감정한 감정가는 법가를 반대하는 세습귀족입니다. 한비자는 화씨가 두 발이 잘리는 형벌과 천하의 거짓말쟁이라는 수모를 겪으면서도 벽옥을 바치려고 한 것처럼, 개인의 사리사욕을 채우려고 국가의 공익을 위반하는 세습귀족의 방해를 무릅쓰고 부국강병의 이론을 건의하겠다는 강인한 신념을 보여줍니다.

여담이지만 이 이야기 속에 등장하는 왕의 칭호에도 뜻이 있습니다. 여왕이니 무왕이니 하는 칭호는 왕의 이름이 아니라 왕이 죽은 뒤 붙여주는 시호입니다. 나라에 공을 세운 사람에게도 그가 죽은 뒤 시호를 내립니다. 시호에는 그 사람의 일생 업적을 평가하는 뜻이 담겨 있습니다.

가장 처음 등장하는 왕은 여왕이었지요. 여왕의 여厲는 무고한 사람을 함부로 해친다는 뜻이 있습니다. 무왕의 무武는 무용武勇, 무예와 같은 말에 쓰이는 글자인데 강력한 힘과 강직함으로 나라를 다스려서 적을 막고 혼란을 극복한 왕이나 무장에게 붙여주는 시호입니다. 군대나 경찰 등 군사적 힘으로 나라를 다스리는 행태를 일컬어 무단武斷 통치라고 하듯이 무라는 글자에는 강압적인 억압의 느낌이 있습니다.

문왕의 문文은 학문, 문화에 쓰이는 글자입니다. 문이라는 시호는 학문을 숭상하고 문화를 창달하고 인재를 발굴하여서 등용하고 백성을 잘 보살피며 나라를 잘 다스린 사람에게 붙여주었습니다. 화씨가 처음 벽옥 원석을 바친 여왕이나 무왕은 원석의 가치를 몰라보고 형벌을 주었지요. 그러나 문왕은 원석의 가치를 알아보았습니다.

맹자와 순자

맹자(기원전 371-289)는 공자의 고국인 노나라 근처의 작은 나라인 추나라에서 태어났습니다. 공자의 학문과 사상에 심취하여 그의 손자인 자사 子思의 제자를 통해 공자의 학문을 이어받았다고 합니다.

맹자와 관련해서는 어머니가 교육열이 높아서 세 차례나 이사를 했다거나, 공부하러 바깥으로 나갔던 맹자가 학문을 다 익히지도 않고 돌아오자 짜던 베를 잘라서 따끔하게 훈계를 하였다는 이야기가 잘 알려져 있지만 이는 실제로는 맹자나 그의 어머니와는 관련이 없습니다. 아마 내용과 비슷한 사례가 있었을 텐데 전해지는 과정에서 맹자와 그의 어머니로 주인공이 바뀐 것으로 보입니다.

맹자는 공자 이전부터 내려온 중국의 문화를 학문으로 체계화한 유학을 배우고 이를 크게 발전시켜서 동북아시아 유교문화를 만들어낸 전국시대 사상가입니다. 그래서 중국과 한국, 일본, 베트남에서 공자와 함께 나란히 일컬어지며 존경을 받고 있습니다. 맹자의 사상으로는 사람이 본래 타고난 성품은 착하다고 하는 성선설性善說이 잘 알려져 있습니다. 사람은 본래 누구나 착하게 태어나지만 살아가는 동안 물질의 결핍이나 사회적 조건이 나빠져서 악해진다고 하였습니다.

흔히 성선설이 맹자의 대표 사상으로 알려져 있지만 실은 그가 궁극적으로 관심을 가진 문제는 살기 좋은 세상을 만드는 일이었습니다. 맹자는 살기 좋은 세상이란 아주 이상적인 제왕이 나타나서 착한 본성을 회복하고 사람들에게도 착한 본성을 되찾게 하여 누구나 편안하고 배부르게 먹고 살며 서로 사랑하고 돕는 세상이라고 보았습니다. 이런 모범적 군주가 다스리는 정치를 맹자는 왕도王道정치라 하였습니다. 왕도정치를 이루자면 왕은 착한 본성을 깨달아야 하고, 신하와 백성도 착한 본성을 깨닫고 되찾아야 하며 또 사람들이 저마다 착한 본성대로 살 수 있도록 삶의 본질적인 조건을 마련해주어야 한다고 했습니다. 좋은 나라, 이성적인 사회를 이루려면 가장 먼저 사람들이 집과 먹을거리를 얻을 수 있게 나라가 책임을 져야 한다는 것입니다.

이렇듯 맹자는 왕도정치라는 이상 사회의 꿈을 꾸고서 이를 구체적으로 만들기 위해 사람의 본성은 누구나 착하다는 성선설을 주장했으며, 백성들이 주체적으로 일상생활을 꾸려나갈 수 있도록 나라에서 경제 생산의 바탕이 되는 토지를 나눠주고, 이후 세금을 적절하게 걷고 또 교육을 하여서 사람들의 교양과 의식 수준을 높여야 한다고 하였습니다.

순자(기원전 313-238)는 공자, 맹자와 함께 유학을 발전시킨 전국시대 대사상가입니다. 순자는 전국시대 사상가들 중에서 매우 과학적이고 합리적인 사고를 바탕으로 사상을 펼쳤습니다.

전국시대에 접어든 뒤, 인간 본성에 관한 관심이 크게 일어났습니다. 순자는 인간 본성에 관한 이론으로 성악설性惡說을 주장했습니다. 이 말은 인간의 본성을 선과 악이라는 기준으로 볼 때, 도덕적으로 악하다는 뜻이 아니라 인간은 이기적 욕망을 가진 존재이며 욕망을 추구하는 과정에서 악해진다는 의미입니다.

맹자처럼 인간의 본성이 도덕적으로 착하다고 한다면 그 성향 그대로 싹틔우고 키워나가면 되겠지요. 그래서 맹자는 착한 본성의 싹을 크게 넓히고 채워나가는 방법을 인격 수양의 이론으로 제시했습니다. 그러나 순자는 인간이 욕망을 가진 존재로서 누구나 욕망을 추구하고, 그 과정에서 다툼과 갈등이 일어난다고 하였습니다. 따라서 좋은 세상을 만들고 착한 사람이 살아가는 사회를 만들기 위해서는 인간의 욕망을 적절하게 채워주고 다스려야 하겠지요. 그리하여 순자는 예로써 사회의 규율을 세우고, 교육을 통해 악해지려는 성향을 착하게 다듬어내야 한다고 주장하였습니다.

순자의 사상은 특히 자연과학적 사고 측면에서 돋보입니다. 공자나 맹자는 하늘을 정신적·도덕적 권위의 상징으로 보았는데 순자는 물질적 자연 세계로 파악하였습니다. 옛날 사람들은 자연의 변화는 해와 달의 운행, 시간의 흐름과 계절의 변화, 그에 따른 식물의 생장과 소멸로 나타나며 이런 모든 움직임을 일으키는 힘은 바로 하늘에서 나온다고 생각하였습니다. 그들에게 하늘은 곧 자연법칙을 뜻하기도 하지만 자연의 변화를 일으키는 궁극적인 힘이라고도 할 수 있지요. 또 사람의 의식, 생각도 자연의 변화에 민감하게 반응하므로 마찬가지로 하늘의 지배를 받는다고 보았습니다. 이렇듯 하늘의 강력한 힘을 신비하게 여겨서 주술적·종교적으로 받아들인 것입니다.

그러나 순자는 하늘의 힘을 자연법칙으로 생각하였습니다. 하늘이 아무리 강력한 힘을 지니고 있고 그 원리가 아무리 신비하고 알기 어렵다 하여도 반드시 일정한 객관적 법칙에 따라 작용하며 운행하고 변화한다고 보았습니다. 자연에는 자연의 법칙이 있고, 인간에게는 인간의 법칙이 있습니다. 그러니 사람이 할 일은 자연의 객관적 법칙을 잘 파악하여서 우리 삶에 편리하게 이용하는 것입니다.

   순자는 사람의 적극적인 실천의 역량을 높이 평가하였습니다. 하늘은 자연 세계에 시간의 힘으로 작용하고, 땅은 공간과 물질을 제공합니다. 사람은 시간과 공간의 모든 조건을 이용하여서 문명을 만들어내고 문화를 창조합니다. 바로 순자는 이 문화 창조의 역량을 인간다움, 인간의 본질로 보았습니다

네 번째 숲

흔들리는 건
바람도, 깃발도
아니랍니다

깃발인가,
바람인가,
마음인가

중국 당 시대에 혜능慧能이라는 스님이 있었습니다. 한번은 그가 광주라는 땅에 있는 법성사로 강경講經(불경을 강독하는 일)을 들으러 갔습니다. 그가 도착하자 마침 모든 스님들이 마음을 가라앉히고 강경을 듣고 있던 참이었습니다.

그때 갑자기 바람이 불어와 불상 앞에 걸려 있던 깃발이 펄럭였습니다. 그러자 그 자리에 있던 두 스님이 그것을 보고 다투기 시작했습니다.

한 스님이 말했습니다. "저기 보게. 저 깃발이 펄럭이는 걸." 그러자 다른 스님이 말했습니다. "틀렸어. 깃발이 펄럭이는 게

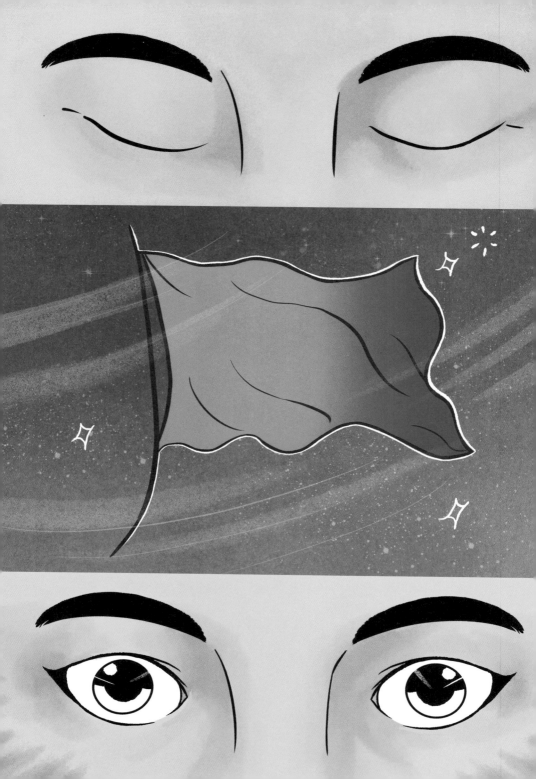

아니라 바람이 부는 거야.”

두 사람은 쉬지 않고 논쟁을 했습니다. 그들의 대화를 들은 혜능이 조용히 말했습니다. “바람이 분 것도 아니고, 깃발이 펄럭인 것도 아닙니다. 당신들의 마음이 움직인 것이지요.”

모든 일은
마음에 달려 있다

불교는 부처님이 설법한 교리와 이론을 탐구하여서 진리를 깨닫는 교종과 참선을 통해 자기 내면에서 진리를 찾는 선종, 이렇게 두 갈래로 종파가 나뉩니다.

선종은 이론이나 철학 체계에 의지하지 않고 구도자(불법의 정도를 구하는 사람)의 진리 체험을 중시합니다. 일상에서 사는 개별적 존재인 내가 이미 내 안에 존재하는 완전성을 깨달아가는 실천적 자각의 불교가 선종입니다. 그래서 선종의 조사들은 진리 체험의 경지를 때로는 말도 안 되는 갖가지 방법으로 표현하기도 합니다. 중국 선종의 여섯째 큰 스승, 6조 혜능은 이러한 중국 선종의 기풍을 완성한 고승입니다.

　　바람이 불고 깃발이 펄럭인다고 생각하는 것은 주관적 의식의 소산입니다. 인간의 관점에서 생각한 것이지요. 그러나 바람은 부는 것도 아니고 불지 않는 것도 아닙니다. 그저 공기의 유동일 뿐입니다. 깃발 역시 펄럭이는 것도 아니고 펄럭이지 않는 것도 아닙니다. 바람의 흐름에 따를 뿐입니다. 이런 있는 그대로의 현상을 보며 우리는 바람이 분다고도 하고 깃발이 펄럭인다고도 하는 것입니다. 결국은 인간의 의식이 그렇게 판단하는 것이지요.

알아도
물어 봐야 한다오

어느 날 석가모니 부처님이 보리수 아래에 단정히 앉아서 마음
을 가라앉히고 선정에 들었습니다. 귓전에 들려오는 울부짖는
소리를 듣고 두 눈을 뜨고 보니 농부 두 사람이 살찐 돼지를 끌
고 가는 중이었습니다. 석가모니 부처님이 물었습니다. "당신
들이 끌고 가는 건 무엇이오?"

농부가 웃으면서 되물었습니다. "부처님의 지혜는 끝이 없
다고 하던데 돼지도 모르신단 말씀입니까?"

석가모니 부처님이 합장하고 말했습니다. "알아도 물어 봐
야 한다오."

물음은 앎의 출발

모든 지혜가 원만구족圓滿具足(부족함이 없는 깨달음의 경지)한 부처님이 돼지를 몰라서 농부에게 물어봤겠습니까? 물론 그럴 수도 있지요. 지혜와 지식은 다른 것이기 때문입니다. 예수님이나 부처님이 오늘날 이 땅에 내려와서 컴퓨터를 처음 접한다면 바로 사용할 수 있을까요? 우습게 들리겠지만 사실 이런 질문은 굳이 할 필요도 없습니다. 부처님은 삶의 지혜를 깨달은 사람이지, 눈 깜짝할 사이에 생겨나고 사라지는 갖가지 지식과 정보에 통달한 사람이 아닙니다.

새로 생겨나는 지식과 정보는 누구라도 늘 물어 봐야 합니다. 알아도 물어야 한다는 말은 그만큼 자신의 지식과 지혜에 자만하지 말고, 겸허하게 끊임없이 묻고 되물어서 진리를 탐구해 나아가라는 뜻입니다. 공자도 아랫사람에게 묻는 것을 부끄러워하지 않은 사람을 칭찬했습니다. 앎은 곧 물음에서 출발합니다.

마음속의
꽃

명나라 시대의 유학자인 왕양명은 마음 바깥에는 사물이 없으며 마음 바깥에는 이치도 없다고 주장했습니다.

어느 날 그가 친구와 함께 남진이라는 곳으로 놀러 나갔는데 친구가 산에 있는 꽃나무를 가리키며 물었습니다. "자네는 평소에 마음 바깥에는 사물이 없다고 했는데 이 꽃나무는 우리가 보지 못했을 때도 늘 혼자 피었다 지지 않나? 내 마음과 아무 상관없이 말이야."

이 물음에 왕양명은 이렇게 말했습니다. "자네가 아직 이 꽃을 보지 않았을 때는 마음도 꽃도 모두 없었네. 이제 자네가 그

것을 보자 꽃의 모습이 일시에 분명하게 나타난 거라네. 이렇게 볼 때 꽃은 자네 마음 바깥에 있는 것이 아니라 자네 마음 안에 있는 거지."

진정한 사물의 이치

왕양명의 본래 이름은 왕수인입니다. 왕양명이 터득하여 세운 유학 이론을 양명학陽明學이라고 하는데 양명학은 대상 세계를 참으로 아는 인식의 측면보다 참다운 인간이 되는 것을 추구하여서 도덕의 주체성을 내 마음에서 찾는 데 주안점이 있습니다. 마음 바깥에 사물이 없다, 마음 바깥에 이치가 없다는 말은 마음이 실제로 사물을 만든다는 뜻이나 마음속에 실제로 사물이 들어와 있다는 의미가 아니라 마음으로 사물의 관계를 파악하고 사물의 이치를 깨닫는다는 뜻입니다.

그런데 왕양명이 말하는 사물의 이치를 깨닫는다는 뜻은 사물의 물리적 이치를 깨닫는다는 말이 아닙니다. 사물에 대해서 내가 어떻게 도덕적으로 행동해야 할지를 깨닫는다는 뜻입니다. 예를 들어 부모의 이치를 깨닫는다고 한다면 부모의 이름, 성격, 모양, 기호와 같은 것을 깨닫는 것이 아니라 부모에게 효도해야 한다는 이치를 깨닫는다는 뜻입니다.

사실 상식적으로 생각하면 내가 보건 안 보건 간에 꽃은 늘 있습니다. 그러나 그와 같이 저기에 꽃이 있다 한들 내가 그 꽃을 보고서 무어라 판단하고 그 꽃에 대한 관념을 만들어내지 않는다면 꽃이 있건 없건 나와 무슨 상관이 있단 말입니까?

이레 동안
대나무를 사색한 결과

어느 날 왕양명은 자기 집에서 친구와 함께 어떻게 하면 천하 만물의 이치를 깨달아서 성인이 될 수 있는가 하는 문제를 두고 열렬히 토론하고 있었습니다. 그는 집 앞 정자 곁에 있는 대나무를 가리키며 친구에게 대나무를 마주 보고 사색을 해보자고 말했습니다.

친구는 아침부터 밤까지 대나무를 마주하고 앉아서 그 속에 들어 있는 이치를 깨달으려고 노력했습니다. 그러나 정력을 지나치게 많이 소모했기 때문에 사흘째 되는 날 병이 나서 쓰러지고 말았습니다.

왕양명은 그래도 포기하지 않고 고요히 앉아서 사색을 했지만 끝내 대나무의 이치를 도무지 알아낼 수 없었습니다. 이레째가 되자 그도 병이 나서 쓰러지고 말았습니다.

두 사람은 사물의 이치를 탐구하여서 성인이 되기란 확실히 어려운 것이라 한탄하고, 천하만물의 이치를 깨달을 수 있을 만큼 큰 힘이 본인들에게는 없다고 생각했습니다.

사물을 바라보면
격물치지에 이를 수 있을까

양명학이 일어나기 이전에 중국과 동아시아 사회에 가장 중심이 되는 학문은 송나라 시대에 주희(주자)라는 학자가 완성한 주자학 朱子學이었습니다. 주자학에서는 실제 사물을 대상으로 삼아 그 속에 들어 있는 이치를 깨달음으로써 지식이 이루어지고, 이 지식을 통해 인격 완성에 도달한다는 격물치지 格物致知의 학문 방법을 세웠습니다.

왕양명도 처음에는 주희의 가르침을 충실히 따라서 격물치지를 통해 인격을 완성하고자 했습니다. 그래서 격물치지를 할 대상으로 대나무를 정한 다음, 대나무의 이치를 깨달으려고 노력했던 것입니다. 그러나 이레 만에 대나무의 이치는 깨닫지 못한 채 병이 나서 그만 실패하고 말았습니다. 이 이야기가 양명학이 일어나게 된 유래를 설명할 때 말하는 '양명격죽 陽明格竹'이라는 유명한 일화입니다.

왕양명이 정말 대나무를 대상으로 삼아 그 이치를 알고자 했다면 대나무를 심어서 생장하는 모습을 보고, 뿌리째 뽑아서 모양을 살펴보고, 혹은 자르거나, 태우거나, 쪼개도 봤어야 합니다. 그냥 책상다리를 하고 꼿꼿이 앉아서 뚫어지게 본다고 해서 그 이치가 드러날 리 없습니다. 설령 대나무의 이치가 드러난다 하더라도 그것으로 왕양명이 학문의 궁극 목적으로 삼은 도덕적 주체성을 깨닫고 성취할 수는 없습니다.

왕양명은 사물의 객관적 이치를 탐구하여서 인격을 완성할 수 있다는 주자학의 격물치지 방법이 잘못되었다고 비판했습니다. 그런데 사실 주자학에서는 이치가 자연 세계의 물리적 이치와 도덕적 이치를 모두 포괄한다고 주장합니다. 왕양명은 이치를 주로 도덕적 이치로만 생각했던 것입니다. 그래서 대나무를 격물하여서 도덕적 주체성을 깨달으려 하다가 실패한 것입니다. 왕양명이 생각한 이치는 '올바른 사람 되기'였습니다. 그런데 아무리 대나무를 뚫어지게 바라보고 앉아 있다고 해서 올바른 사람이 될 수 있을까요?

시인 가도의
퇴고

당나라 시대에 가도라는 유명한 시인이 있었습니다. 그가 아직 유명해지지 않았을 때 수도로 과거 시험을 치르러 갔습니다. 어느 날 나귀를 타고 큰길을 여유 있게 천천히 가고 있던 가도의 머릿속에 운치 있는 시상이 떠올랐습니다. '밤은 고요히 깊어가고 달빛은 강물에 비친다. 스님이 깊은 밤중에 절로 돌아오니 산문을 통통 몇 번 두드리는 맑고 깨끗한 소리가 연못가에서 잠든 새들의 단잠을 깨운다.'

이리하여 시구 하나가 저절로 생겨났습니다.

새는 못가의 나뭇가지에서 잠들고

스님은 달 아래 문을 두드린다

한참 읊어보다가 '두드린다'를 '민다'로 고치는 게 낫겠다는 생각이 들었습니다. 그러나 '민다'로 고쳐 놓고 보니 '두드린다'가 더 낫지 않을까 싶기도 했습니다. 생각하고 생각하다 나귀 등에 앉아서 두 팔을 뻗어 문을 미는 자세와 두드리는 자세를 취해보았습니다. 길 가던 사람들은 가도의 도취한 모습을 보고 모두들 의아해했습니다.

바로 이때 서울 시장에 해당하는 경조윤이라는 벼슬을 대리로 맡아 보던 대문장가 한유를 태운 호화로운 수레가 호위병을 앞뒤로 늘어세운 채 요란하게 벽제를 치며 당당하게 다가왔습니다. 결국 가도의 나귀는 호위대와 부딪치고 말았습니다. 화난 호위병에게 잡혀서 한유에게 끌려간 가도는 그제야 큰 실례를 범한 것을 알고 사실대로 말하며 간절히 용서를 빌었습니다.

한유는 화를 내지 않고 오히려 웃으면서 그의 말을 다 듣고 나더니 골똘히 한참 생각한 뒤 말했습니다. "두드린다에는 동작도 있고 소리도 있으니까 그게 좋겠소."

그는 가도의 문학적 수양과 공부에 열중하는 정신을 높이 사서 문학적 도반(함께 도를 닦는 벗)이 되어주었습니다.

보고 느낀
그대로를 표현하라

당의 승려이자 시인이었던 제기齊己에게 다음과 같은 일화가 전해집니다. 그가 사방을 돌아다니며 공부를 하고 견문을 넓히다가 시를 한 수 지어서 당시 유명한 시인인 정곡鄭谷에게 보여주었습니다. 정곡은 시를 한참 보더니 다른 말은 하지 않고 글자 하나를 고치라고 했습니다. 제기는 며칠 동안 고심해서 한 글자를 고쳐서 보여주었습니다. 그제야 정곡은 제기를 받아들여 시우詩友로 교제를 맺었습니다. 한 글자를 고침으로써 시 전체의 이미지와 시상을 깔끔하게 매듭지을 수 있었던 것이지요. 정곡은 제기가 자기의 시경詩境을 스스로 이해할 수 있는지 한 글자로 시험했던 셈입니다. 그 뒤로 제기가 「이른 매화早梅」라는 시를 썼는데 그 가운데 이런 구절이 있었습니다.

앞마을 답쌓인 눈 속에

간밤에 몇 가지 꽃을 피웠네

정곡은 이 시 구절에서 단 한 글자만 바꿔서 '몇 가지'를 '한 가지'로 고쳐주었습니다. 그 뒤로 정곡은 글자 하나를 고쳐주고 스승이 되었다 하여 '일자사一字師', 한 글자 선생님이라 불렸습니다.

한유도 가도의 시에서 '민다'를 '두드린다'로 바꿔주어서 한 글자 선생님이 되었습니다. 시는 단 한 글자만 바뀌어도 전체 이미지가 완전히 달라질 수 있습니다. 그런 만큼 글자 하나하나에 심혈을 기울여야 멋진 작품이 나올 수 있습니다. 베토벤은 음표 하나를 수십 번씩 고치기도 했고, 두보는 시 한 편을 퇴고한 원고의 양이 한 광주리를 넘었다고도 합니다.

'민다'와 '두드린다' 사이에는 풍부한 형상적 사유와 고도의 예술적 표현력이 절묘하게 어우러져 있습니다. 시를 짓는 일뿐만 아니라 어떤 상황에서도 가장 긴요할 때 정곡을 찌르는 한마디 말, 바로 정문일침頂門一針은 금과옥조金科玉條(금이나 옥처럼 귀중히 여겨 꼭 지켜야 하는 법칙 및 규정)와도 같습니다. 특히 감수성이 예민한 어린 시절에 듣는 한 마디 말이 한 사람의 일생을 바꿔 놓을 수도 있습니다.

명나라가 망하고 청나라가 들어선 초기, 원로 학자 왕부지王夫之는 『강재시화薑齋詩話』라는 책에서 가도의 퇴고推敲(글을 쓸 때 여러 번 고치고 다듬는 일) 일화를 두고 이렇게 평했습니다. "'스님은 달 아래 문을 두드린다' 하는 구절은 가도가 망상으로 억측한 것일 뿐이어서 마치 다른 사람에게 꿈을 이야기하는 것 같다. 가령 어떤 상황을 쏙 빼닮게 그려낸다면 잘 표현해내려고 털끝만큼이라도 관심을 둘 필요가 있겠는가? 가도가 억측으로 이 구절을 생각해낸 것이란 점을 알 수 있는 까닭은 '퇴'와 '고', 두 글자를 깊이 읊조려 가면서 이리저리 생각을 짜내어 만들어내려 했기 때문이다. 만약 눈앞에 보이는 경물景物에 따라 시상이 떠올랐다면 밀거나 두드리거나 반드시 둘 가운데 어느 하나에 해당할 터이다. 경물을 따르고 정감을 따라 그려낸다면 저절로 절묘하게 표현될 터인데 이 궁리, 저 궁리 하느라 애쓸 필요가 있겠는가?"

다시 말해서 가도가 정말로 달빛이 교교히 흐르는 밤중에 어느 절을 방문하는 스님을 목격했다면 그 스님이 문을 두드리거나 밀거나 둘 가운데 어느 한 동작을 취했을 테니 그 정경을 있는 그대로 그려내면 될 것입니다. 그러나 가도는 정경을 보지 않고 순전히 머리로만 상황을 설정하여서 생각으로 그려내려고 했기 때문에 민다고 할까, 두드린다고 할까 하고 고민했다는 것이지요. 문학 작품이든 예술 작품이든 창작은 자기 내면의 생각을 솔직하고 정직하게 표현해내는 것이 그 본질이 아닐까요?

용의 눈에 눈동자를
그려 넣으면

중국의 남북조 시대, 남조의 양梁나라에 장승요라는 이름난 화가가 있었습니다. 양의 황제인 무제는 불교를 숭상하여서 사방에 절을 세우고 장승요에게 벽화를 그리도록 명령했습니다.

한번은 그가 금릉의 안락사에 가서 벽화를 그렸습니다. 벽에 흰 용을 네 마리나 그렸는데 긴 이빨과 발톱이 꼭 진짜 같았습니다. 그러나 네 마리 모두 눈동자를 그려 넣지 않았습니다.

이상하게 여긴 사람들이 물었더니 그가 이렇게 대답했습니다. "눈동자를 그려 넣으면 용이 곧바로 날아가 버릴 것이오."

허풍을 떤다고 생각한 사람들은 그러면 그럴수록 어서 그려

넣으라고 성화를 부렸습니다.

그는 성화에 못 이겨서 그 가운데 두 마리에 눈동자를 그려 넣었습니다. 그러자 삽시간에 날씨가 변하며 큰비가 내리고 천둥과 번개가 치더니 용 두 마리가 벽을 뚫고 나와서 검은 구름을 타고 하늘로 날아가버렸습니다. 벽에는 아직 눈동자를 그려 넣지 않은 두 마리만 남아 있었습니다.

매듭을
잘 짓는 것이 중요하다

눈에 눈동자를 찍는 순간 그림의 용이 살아서 승천했다는 이야기는 물론 있을 법한 일이 아니지만 그만큼 무슨 일이든 가장 긴요한 부분이 있고 그 부분을 매듭지어야 전체가 완성된다는 뜻을 의미합니다. 사람들은 흔히 처음에는 기세 좋게 일을 시작하다가 끝에 가서는 유야무야로 끝내는 수가 많습니다만 무슨 일이든 끝을 잘 매듭지어야 합니다. '끝이 좋아야 다 좋다'라는 말도 있잖습니까?

사물의 가장 요긴한 부분을 끝내어 전체를 완성하거나 또는 글을 쓰거나 말을 할 때 관건이 되는 곳에 정밀하고 예리한 뜻을 더해 요지를 분명히 드러내어 내용을 한층 더 생동감 있게 하는 것을 두고 화룡점정畵龍點睛이라고 합니다.

이야기 속 용의 승천은 모든 수양과 노력의 성취를 상징합니다. 요즘은 잘 쓰이지 않지만 등룡문登龍門이라는 말이 있습니다. 잉어가 황하의 상류에 있는 용문을 거슬러 오르면 용이 된다는 전설에서 나온 말로써 어려운 관문을 통과하여 목적을 성취하거나 크게 출세하는 일을 가리킵니다.

호랑이보다
무서운 세금

수레를 타고 태산 기슭을 지나던 공자는 길가에서 어떤 여자가 상복을 입고 새로 생긴 무덤 앞에 엎드려 구슬프게 울고 있는 것을 보았습니다. 공자는 수레를 멈추고 수레 난간에 기대어 듣고 있다가 제자 자공을 불러서 그 사정을 알아보게 했습니다.

자공이 무덤가에 가서 물었습니다. "아주머니, 곡소리를 들으니 큰 슬픔을 당하신 듯하군요."

여자가 고개를 들고 눈물을 훔치며 말했습니다. "이 일대는 사나운 호랑이가 해를 끼치는 곳입니다. 지난번에는 시아버지가 호랑이에게 물려 돌아가셨고 그다음에는 남편이 화를 당했는데 이번에는 하나 남은 아이마저 호랑이 밥이 되었답니다."

공자가 수레에서 내려서 물어보았습니다. "그처럼 흉악한 호랑이가 있는데 어째서 진작 여기를 떠나지 않았소?"

여자가 대답했습니다. "이곳은 호랑이가 나오는 곳이기는 하지만 가혹한 세금은 없기 때문입니다."

공자는 한동안 말없이 있다가 제자들에게 말했습니다. "너희들은 잘 알아두어라. 가혹한 세금이 호랑이보다 무섭다는 사실을."

백성의
피와 눈물로 세운 나라

전제 사회에서 통치를 받는 인민대중은 엄청난 억압과 착취를 받으며 살았습니다. 가끔 현명하고 어진 군주가 나타나서 백성을 위한 정치를 펴기도 했지만 그런 경우는 아주 드물었습니다.

농경이 주된 생산 양식이었던 이전 사회에서 땅과 수확물에 매기는 세금은 가혹하기 짝이 없었습니다. 조선시대의 학자 정약용의 「굶주리는 백성들」 등의 시를 읽으면 가혹한 착취를 견디며 살아가는 사람들의 모습에 정말 눈물을 흘리지 않을 수 없습니다. 호랑이는 조심하면 피할 수 있기라도 하지만 관리들의 착취는 피할 수조차 없었던 것이지요.

현대 사회는 이 이야기처럼 극단적이지는 않지만 세금 징수가 공정하지 않거나 국가에서 빈부 격차를 줄여나가지 않으면 평범한 서민의 삶은 호랑이보다 가혹한 세금은 더 무서워한 아주머니의 상황과 다를 바 없습니다.

백정이
소를 잡는 법

위나라 혜왕이 하루는 정이라는 백정이 소를 잡는 광경을 구경했습니다. 정이 큰 소 한 마리를 앞에 두고서 손을 대고 어깨를 기대며 발로 짓누르고 무릎을 구부리는 동작에 따라 소의 뼈와 살이 서걱서걱 빠각빠각 소리를 내면서 부위별로 척척 나뉘었습니다. 칼이 움직이는 대로 썩둑썩둑 울리는 소리가 마치 숙련된 관현악처럼 운율에 맞고, 각을 뜨는 손놀림이 잘 훈련된 무용단의 춤처럼 일사불란하여서 조금도 군더더기가 없었습니다.

혜왕은 그가 시원스레 칼을 놀리는 모습을 보고서 그 뛰어난 기술을 침이 마르도록 칭찬하였습니다. "아, 참으로 놀라운 기술이구나! 어떻게 하면 그런 경지까지 이를 수 있느냐?"

정이 왕에게 다음과 같이 대답했습니다. "일에 이렇게 능숙해진 까닭은 손재주보다 소의 전체 생리 구조를 잘 알고 그에 따르기 때문입니다.

처음 칼을 들었을 때에는 눈앞에 온통 소만 보여서 어디에서부터 손을 대야 할지 도무지 알 수 없었습니다. 3년쯤 지나자 소가 소로 보이지 않게 되었습니다. 이제는 소를 눈으로 보지 않고 마음으로 봅니다. 소를 앞에 대하면 어디가 관절인가, 어디에 경락이 있는가, 어디부터 칼을 들이댈 것인가, 얼마나 긴 칼을 사용할 것인가 하는 판단이 마음속에 미리 섭니다.

보통의 백정이라면 억지로 쇠뼈를 가르려 하기 때문에 한 달에 한 번씩 칼을 바꾸고, 솜씨 좋은 백정이라도 억지로 힘줄을 자르려 하기 때문에 1년에 한 번은 칼을 바꿔야 합니다. 제가 이 칼을 19년이나 쓰면서 소를 수천 마리나 잡았지만 지금도 마치 금방 간 칼처럼 날카롭습니다. 그러나 아직도 복잡한 부분에서는 전전긍긍하여 마음을 놓지 못합니다. 손의 힘을 완전히 뺀 뒤, 아주 천천히 칼을 놀리며 정신을 집중하여서 여간 조심하는 게 아닙니다. 흙덩이가 바닥에 떨어져서 철썩 소리가 나듯 뼈에서 살이 떨어지는 소리가 시원스레 들리면 저는 마음이 흐 뭇해지면서 칼을 든 채 일어나서 흡족하게 둘러보다가 칼을 씻 어서 챙겨 넣습니다.”

혜왕이 이렇게 말했습니다. “그렇구나. 나는 정의 말에서 훌륭 한 양생법養生法(몸 관리를 잘하여 건강하고 오래 살기를 꾀하는 방법)을 배 웠다.”

자유자재의 경지

이 우화는 백정이 소의 각을 뜨는 과정을 마치 눈앞에서 펼쳐 지는 퍼포먼스처럼 보여주면서 백정과 임금, 살생과 양생이라 는 서로 대립되는 개념을 이야기하는 장자의 해학과 능청, 역 설과 자유를 볼 수 있습니다.

무슨 일을 하건 간에 처음에는 그 일에 지배당하고 주눅이 들어서 의식과 힘이 온통 그 대상에 사로잡히고 맙니다. 이때 가 바로 백정이 소밖에 안 보이더라고 말한 단계입니다. 다음으로 어느 정도 일의 맥락을 알고 처리하는 요령이 생기면 솜씨를 뽐내고 재주를 부리려 합니다. 이때가 바로 보통의 백정 또는 솜씨 좋은 백정이 이르는 소가 소로 보이지 않는 단계입니다. 이 경지에 이르면 소의 해부학적 요소, 생리 구조 같은 것을 파악하여서 소를 부분으로 나눠서 보게 됩니다.

마침내 마지막 경지에 오르면 모든 일이 물 흐르듯 조금도 막힘없이 신명 나게 흘러갑니다. 이제는 무슨 일을 한다는 의식도 없고 어떻게 해야겠다는 분별과 계산도 없습니다. 신들린 듯 소와 본인과 칼이 모두 하나가 됩니다. 큰 소 한 마리가 해체되는 과정이 조금의 억지나 인위적 조작도 없이 신바람 나게 흘러갑니다. 피비린내 나는 살생의 현장이 아니라 살생 속에서 양생의 원리를 발견할 수 있는 예술적 경지입니다. 하나도 아니고 둘도 아니며 하는 것도 없고 하지 않는 것도 없는 경지입니다.

결을 따라 자연스럽게 칼이 춤추니 뼈를 다칠 일도, 살을 벨 일도 없고 칼의 날이 상할 일도 없습니다. 장자는 자연스레 전개되는 살생의 과정을 이야기하면서 실은 양생 또한 자연스러운 결에 따라 전개되어야 함을 암시합니다.

장자는 본인이 쓴 책 『장자』의 「양생주」 첫머리에서 양생의 원리를 이렇게 말했습니다. "착한 일을 하더라도 소문나지 않게 하고, 악한 일을 하더라도 형벌에 저촉되지 않을 정도로 한다. 중간을 따라 기준을 삼는다면 몸을 지킬 수 있고, 평생 무사히 살 수 있으며, 부모를 봉양하고 타고난 목숨을 다 할 수 있다." 그러니까 뼈와 힘줄을 피해야 칼날이 성하듯, 양생의 원리역시 복잡한 사회의 여러 가치에 얽매이거나 부딪히지 않아야하는 것임을 말하고 있습니다.

이 이야기에서 유래한 '포정해우庖丁解牛(솜씨가 뛰어난 백정이 소의 뼈와 살을 발라냄)'라는 성어는 자유자재로 일을 처리하는 신묘한 기예技藝의 경지를 나타내는 말입니다. 글씨를 배울 때도 수천 번, 수만 번 법첩(명필의 서첩)을 따라 베끼고 또 베끼다 보면어느 순간 홀연히 경지에 올라서 자기만의 글씨가 나옵니다.그 경지에 이르면 마치 그림자가 몸을 따르듯, 메아리가 소리를 따르듯 억지로 애쓰지 않아도 손이 저절로 움직여서 마음을따라 글씨가 나타납니다.

절에 가면 현란한 색채로 표현된 탱화가 불상의 뒤를 장엄하고 있습니다. 탱화를 그리는 스님도 어려서부터 수천, 수만 번

베끼고 또 베껴서 일정한 경지에 오르면 자를 대지 않고서도, 컴퍼스를 쓰지 않고서도 직선은 직선대로 똑바르게, 곡선이나 동그라미는 또 그대로 반듯하게 그리게 된다고 합니다. 바로 이야말로 백정인 정이 소의 각을 뜨는 경지이지요.

차라리 진흙 밭에서
뒹굴겠소

장자는 복수라는 강의 기슭에 나가 낚시를 하며 지냈습니다.
이 소문을 들은 초나라 왕이 대신 두 사람을 보내서 그를 찾아
데려오게 했습니다. 대신들은 물가의 큰 나무 밑에서 장자를
발견하고 말했습니다. "우리 왕께서는 선생님의 높으신 명성을
듣고 흠모하고 계십니다. 특별히 우리 초나라에 오셔서 정치를
도와주십시오."

　장자는 풀 위에 앉아 낚싯대를 손에 들고는 거들떠보지도 않
았습니다. 대신들은 할 수 없이 한 번 더 권했습니다. 장자가 비
로소 입을 열었습니다. "듣자 하니 초나라에는 이미 3천 년 전

에 죽은 큰 신령스러운 거북의 껍데기를 사당에 모셔놓고 날마다 받든다지요?"

두 대신이 고개를 끄덕였습니다. "그렇습니다."

장자는 고개를 들고 말했습니다 "그 거북이로 말하자면 죽어서 껍데기만 남아 사람들에게 숭배받기를 원했겠소, 아니면 진흙 속에서 꼬리를 끌더라도 살아있기를 바랐겠소?

두 대신은 서로 얼굴만 쳐다보다가 이구동성으로 다음과 같이 말했습니다. "차라리 진흙 속에서 꼬리를 끌며 살아 있기를 바랐겠지요."

장자가 껄껄 웃으며 말했습니다. "돌아들 가시오. 나도 진흙 속에서 꼬리나 끌며 살겠소."

정신적 자유를 누리는 삶

부귀영화의 유혹을 이길 수 있는 사람은 그리 많지 않습니다. 모두들 재물을 차지하려고 싸우고 권력을 얻으려고 다툽니다.

그러나 재물은 심성을 황폐하게 할 수 있고 권력은 위험한 것이기도 합니다. 부귀영화는 양날을 가진 칼입니다. 권력으로 남을 부릴 수도 있지만 권력 때문에 망하는 수도 있습니다.

장자는 권력을 좇고 부귀영화를 추구하다가 몰락하여서 비참하게 생을 마치느니 현재의 삶에 만족하기로 한 것입니다. 그의 생각은 언뜻 보면 소극적으로 생명의 안전을 도모하는 안심입명安心立命(삶과 죽음을 초월함으로써 마음의 편안함을 얻음)의 처세철학이라고도 할 수 있지만 실은 영예와 재물, 부귀와 권세에 속박받지 않고 궁극의 정신적 자유를 추구하는 사상이라 할 수 있습니다.

사마귀가 매미를
잡아먹으려 할 때

오나라 왕이 초나라를 치려고 준비를 하면서 이렇게 말했습니다. "감히 나를 막는 자는 용서 없이 목을 베겠다."

어떤 젊은 수행원이 정면으로 간언할 수도 없는 노릇이라서 새벽에 후원에서 탄환을 가지고 이슬에 옷을 흠뻑 적시면서 사방을 왔다 갔다 했습니다. 이렇게 사흘 동안 계속했습니다. 그것을 본 왕이 이상하게 여겨서 그를 불렀습니다. "이리 오너라, 너는 왜 공연히 옷을 적시고 있느냐?"

그가 대답했습니다. "저는 재미있는 일을 보았습니다. 후원에는 나무가 있고 나무 위에는 매미가 있습니다. 그놈은 높은 데서 이슬을 마시면서 신명나게 노래를 불렀습니다. 그러면서도 사마귀가 바로 자기 뒤에 숨어서 자기를 잡아먹으려고 하는 줄은 모르고 있었습니다. 사마귀는 허리를 굽혔다 폈다 하면서 갈고리 같은 두 앞발을 들어서 매미를 잡으려 하지만 그놈도 꾀꼬리가 살그머니 제 뒤에서 잡아먹으려고 군침을 흘리고 있는 줄은 몰랐습니다. 꾀꼬리는 목을 뻗어서 사마귀를 잡으려고 하지만 누군가가 나무 아래 서서 탄환을 들고 자기를 겨누고 있는 줄은 모르고 있었습니다. 이 작은 동물들은 눈앞의 이익만 보고 뒤에 숨어 있는 재앙을 보지 못했습니다.

왕이 듣고 나서 말했습니다. "아주 그럴듯하군." 그러고는 전쟁 준비를 그만두었습니다.

눈앞의 이익보다
멀리 볼 줄 아는 지혜

눈앞의 작은 이익에 사로잡혀서 뒤에 도사리고 있는 더 큰 재앙을 모르는 일을 당랑포선螳螂捕蟬이라 합니다. 성장과 발전이라는 허상에 사로잡혀서 앞만 보고 맹목적으로 달려가는 사람은 뒤에 자기를 노리는 꾀꼬리가 있다는 것도 모른 채 매미를 잡아먹으려는 사마귀와 같습니다. 부귀든 명예든 학식이든 권력이든 눈앞의 결과에만 현혹되어서 장기적 안목으로 판단할 줄 모르는 사람은 모두 이와 같다고 할 수 있습니다.

노자와 장자

노자는 중국과 동아시아 사상에서 가장 매력적이면서도 수수께끼 같은 인물입니다. 중국 최초의 역사서인 사마천의 『사기』에 의하면 그의 이름은 노담老聃입니다. 공자보다 약간 선배로서 주나라 왕실의 공문서를 보관하는 책임을 맡은 관리였고, 공자가 예를 물었으며, 만년에 은퇴하여서 서쪽으로 가다가 관문을 지키는 윤희라는 관리의 부탁을 받고 5천여 글자로 된 가르침을 남기고 사라졌다고 합니다.

그런데 사마천은 노담 외에 또 두 사람을 더 노자라고 불릴 수 있다고 말합니다. 그러니까 사마천의 시대에 이미 노자라는 인물의 생애가 전해지는 이야기 수준을 넘지 않았다고 생각됩니다. 그의 사상을 담고 있다고 여겨지는 『노자』라는 책은 두 부분으로 나뉘는데 주요 두 개념인 도道와 덕德을 따서 『도덕경』이라고도 합니다. 내용과 표현이 매우 신비하고 고차원의 정신을 담고 있는 책으로 일컬어집니다.

노자의 사상은 신비하고 어려운 내용만큼 동양의 학문과 사상에 유학, 불교와 함께 더불어 삼위일체의 역할을 하였고, 근대 이후 서양에 소개된 뒤에는 서양 사상의 발전에도 막대한 영향을 끼쳤다고 합니다.

노자는 문명이 발달하고 사람의 의식이 정교해지며 과학과 기술이 발전할수록 사람은 본래의 소박하고 타고난 순수함을 잃어버린다고 보았습니다. 심지어 학문, 이념, 예의, 윤리와 같은 문화적 요소도 사람의 본래 모습을 일그러뜨리고 나아가 얽매기까지 한다고 생각했습니다.

그리하여 노자의 사상은 무위無爲와 자연自然을 핵심으로 합니다. 무위란 아무것도 하지 않는다는 말이 아니라 억지로 하지 않는다는 말입니다. 그리고 자연이란 주어진 그대로의 현상과 물질의 세계를 아울러서 말하는 대상 세계가 아니라 자연 세계가 저절로 이루어져 있는 것처럼 모든 세계가 저절로 그러한 모습을 가짐을 뜻하는 말입니다. 바람도 저절로 불고, 물도 저절로 흐르고, 해와 달도 저절로 떴다 지며 차고 이지러집니다. 이런 저절로 그러한 모습을 일컬어서 자연이라 합니다.

　사람이 계획하고 꾸며서 추진하는 일은 언제나 자기 욕망을 위한 일입니다. 저마다 욕망만 추구하면 다툼과 갈등이 끝없이 이어지겠지요. 자연에서 일어나는 일은 어느 하나도 무리하지 않고 평형의 상태를 유지해갑니다. 폭풍이 휘몰아쳐도 어느 순간 잠잠해지고, 해일이 넘치고 산이 무너져도 곧 평형을 이룹니다. 노자는 사람이 이런 자연의 저절로 그러한 모습을 본받아서 들끓어 오르는 욕망을 넘어 본래의 모습과 상태로 돌아간다면 사회의 혼란과 분쟁이 사라지고 소박하고 평화로운 삶을 누릴 수 있을 것이라고 생각했습니다.

장자(기원전 369-286)는 노자와 함께 도가 사상을 주장하는 대
표적 인물로 일컬어집니다. 장자 또한 도道를 사상의 중심 개념
으로 삼고 문명과 제도를 비판하며 여기에 얽매인 인간의 본래
모습을 회복하려고 하였기 때문입니다. 그래서 이 두 사람의
사상을 아울러서 노장사상이라고도 합니다. 그러나 장자의 사
상은 노자의 사상과 나란히 일컬어지기에는 그만의 개성이 뚜
렷합니다.

장자는 학술 토론과 사상 논쟁에서는 도를 핵심 개념으로 삼
았지만 그의 사상이 궁극적으로 추구하는 것은 하늘과 사람의
조화와 소통이었습니다. 하늘은 사람 머리 위에 있는 허공이
아니라 도를 통해 드러나는 세계 전체의 궁극입니다. 시간과
공간을 초월한 전체의 세계인 것이죠. 그런데 사람은 저마다
자기 경험과 지식을 잣대로 삼아서 사물의 어느 한 측면, 사태

의 어느 한 모습에만 사로잡혀 전체적 모습과 진상을 알지 못하고 서로 옳고 그름, 좋고 나쁨을 끝없이 다툽니다.

　사람이 인생을 살아가며 추구하는 목표는 행복한 삶이 아닐까요? 누구나 행복하게 살기를 원하지만 실은 무엇이 행복인지, 어떻게 사는 것이 행복한 삶인지는 잘 모릅니다. 어떤 사람은 돈을, 어떤 사람은 명예를, 어떤 사람은 권력을, 어떤 사람은 건강을 행복으로 생각합니다. 그러나 행복이라고 여기는 이런 것들은 모두 행복을 위해 필요한 조건이지 그 자체로써의 행복은 아닙니다. 그리고 이런 조건을 끝없이 쫓아다니다 자기가 지니고 있는 것들마저 잃어버리기 일쑤입니다.

　장자는 이와 같이 사람이 눈앞의 이익, 눈앞의 현상에 사로잡혀서 참모습을 몰라보는 현실을 꼬집어서 일부러 우화를 통해 역설적으로 일깨우고 깨우치고자 했습니다. 지금까지 늘 보던 모습이나 늘 알던 방식이 아니라 비틀고 또 뒤집어도 보아서 우물 안 개구리 같은 시야를 벗어나 사물의 참모습, 나아가

본인 삶의 참 의미를 찾아가게 만들고자 한 것이지요.

　장자는 상대적인 앎이나 가치 판단을 넘어서 지금 처한 현실에 사로잡히지 않고 본인의 한계를 벗어나서 하늘처럼 높은 안목을 갖고 그처럼 높은 경지에 이르면 자유로운 삶, 자기를 충실하게 표현하는 삶을 살 수 있을 것이라고 했습니다.

좋은 사람 곁에
좋은 사람이 모여요

백아가
거문고 줄을 끊다

백아는 거문고를 잘 탔던 춘추전국시대의 유명한 음악가입니다. 그가 거문고를 탈 때면 언제나 친구 종자기가 곁에서 정신을 집중하여 듣고 있었습니다. 거문고를 막 타기 시작하자 백아의 정신은 태산을 치닫는 듯했고 손가락 끝에서 울리는 현의 소리도 기세 높이 올라갔습니다.

그러면 종자기는 이렇게 감탄했습니다. "정말로 좋구나. 거문고 소리가 우뚝 솟은 태산 같구나."

곡이 중간쯤 이르자 백아의 마음은 큰 강에서 노니는 듯했고 소리는 무섭게 치솟는 파도 같았습니다.

종자기는 춤을 추고 박수를 치면서 말했습니다. "절묘하구나. 호호탕탕한 장강대하를 보는 것 같구나."

훗날 종자기가 죽었다는 말을 들은 백아는 거문고의 줄을 끊고 다시는 거문고를 타지 않겠다고 맹세했습니다. 세상에 자기가 타는 거문고 소리를 알아줄 사람이 이제는 없기 때문이지요.

마음이 통하는
절친한 벗이 있다는 것

지음知音(마음이 통하는 절친한 벗)과 백아절현伯牙絶絃이라는 성어의 유래가 된 이야기입니다. 백아는 자기가 타는 거문고 소리를 알아주는 종자기가 있었기 때문에 솜씨를 마음껏 발휘할 수 있었습니다. 이처럼 재능을 펼칠 수 있도록 알아주고 이끌어주는 사람이 있어야 인재도 그 능력을 발휘할 수 있습니다.

우리나라 전통 공연 예술 가운데 판소리가 있습니다. 너른 마당에 판을 벌이고 소리꾼이 고수 한 사람을 데리고 부채만 들고서 손짓, 몸짓을 섞어가면서 노래와 입담으로 긴 이야기를

해나가는 공연입니다. 특히 호남과 호서 지역에서 크게 유행하였습니다. 판소리로 이름난 사람을 명창이라 합니다. 물론 판소리 외에 단가나 시조, 노래(소리)를 잘해도 명창이라고 합니다. 아무튼 판소리 세계에서는 '일고수 이명창 一鼓手二名唱'이라는 말이 있다고 합니다. 명창이 아무리 소리를 잘하는 사람이라도 고수가 잘 이끌어가지 않으면 공연을 잘할 수 없다는 뜻입니다. 고수가 말하자면 명창의 지음인 셈입니다.

신라시대 학자 최치원의 시에는 이런 구절이 있습니다. "가을바람에 외롭게 읊조리네. 세상에는 날 알아주는 이 없어. 창밖엔 삼경 비 내리는데 등불 앞에 앉은 마음 만 리를 달리네(秋風唯苦吟, 世路少知音. 窓外三更雨, 燈前萬里心)." 최치원도 자기 속내를 알아주는 사람, 지음이 없어서 외롭고 쓸쓸함을 토로하였습니다.

속마음을 알아주는 친구는 한 사람이 일생을 살아가는 동안 가장 소중한 자산입니다. 오죽하면 '부모 팔아서 친구 산다' 하는 속담이 생겼을까요. 친구는 여러 부류가 있지만 가장 좋은 친구는 자기 인격을 성취해나가도록 도와주는 친구이지요. 때로는 충고를 하고 때로는 자극을 하고 때로는 격려를 하면서 말입니다.

벼가 잘 자라게
하는 법

전국시대 송나라에 한 농부가 있었습니다. 그는 논에 벼가 너무 느리게 자라는 것이 답답했습니다. 어느 날 논으로 달려가서 한 포기, 한 포기 싹이 자라기 시작하는 모를 쏙쏙 뽑아 올렸습니다.

집으로 돌아오니 너무나 피곤하여서 식구들에게 이렇게 말했습니다. "벼가 잘 자라게 도와주었더니 오늘은 몹시도 피곤하구나."

아들이 황급히 논으로 달려가 보니 벼가 모두 말라 죽어 있었습니다.

자연의 섭리를
거스르지 마라

생물의 정상적인 성장 흐름에 따르지 않고 인위적으로 힘을 보태서 발전을 앞당기는 일을 알묘조장揠苗助長 또는 줄여서 흔히 조장助長이라고 합니다. 이 우화가 바로 조장이라는 고사성어의 유래입니다.

송나라 농부는 제 딴에는 좋은 의도에서 부지런히 노력했지만 그럴수록 도리어 일을 망쳤습니다. 모든 생물에는 저마다 발전하는 추세와 속도가 있습니다. 이는 누구도 어길 수 없는 일종의 규율입니다. 또 발전 추세를 사람에게 유리하게 조장하더라도 객관적 법칙을 따라야 합니다. 예를 들어 싹을 뽑아서 빨리 자라게 할 수는 없지만 온실을 이용하면 겨울에도 식물을 재배할 수 있습니다.

조장의 문제가 가장 심각한 것이 교육입니다. 자녀가 태어나면 부모는 아이의 교육에 모든 관심을 쏟습니다. 남보다 빨리 더 많이 가르치려고 열을 올립니다. 교육의 목적이 한 주체적 시민으로 키우려는 것이 아니라 경쟁 사회에서 남을 이기고 높이 올라서도록 하려는 것이 되었기 때문이지요. 아무튼 교육열이 지나쳐서 충분한 감성 교육을 받아야 할 단계의 어린아이들에게 고도의 지적이고 추상적인 지식을 주입시키려 듭니다.

우리말도 제대로 못하는 아이에게 영어를 가르치려고 혀까지 수술하고, 아직 사회성도 제대로 갖추지 못한 아이들을 조기 유학을 보내서 국제적인 미아로 만들어버립니다. 그러고도 한다는 소리가 조기 유학을 보내면 다른 건 몰라도 영어 하나만은 확실하게 할 것이 아니냐고 합니다. 영어가 모든 교육의 알파와 오메가가 되었습니다. 조기 유학을 한다고 해서 영어를 잘할 리도 없지만 설령 영어를 잘하더라도 영어만 할 줄 알면 아이가 꼭 알아야 할 나머지는 안 배워도 좋다는 말인가요?

가족에게 사랑받고, 또래와 어울려서 싸우고 부딪치고 양보하면서 사회성을 습득하고, 자연에서 뛰놀며 감성을 익혀야 할 어린아이들에게 글자와 영어를 가르치고 그것도 모자라 온갖 과외에 학습지를 시키는 일은 막 트기 시작한 싹을 뽑아 올려서 자라는 것을 도우려다 도리어 말라 죽게 하는 일입니다.

오십 보나
백 보나

위나라 혜왕은 부강한 나라를 만들기 위해서 자주 백성을 전쟁
터로 내몰았습니다. 하루는 그가 맹자에게 물었습니다. "나는
나라를 위해 온 마음을 다 쏟고 있다고 생각하오. 하내에 흉년
이 들면 백성을 하동으로 이주시키고 하동의 양식을 하내로 보
내주어서 이주하지 못하는 노약자를 구휼합니다. 하동에 흉년
이 들 때도 그와 같이 합니다. 내가 보기에는 이웃 나라의 어떤
군주도 나처럼 온 마음으로 백성을 아끼지 않습니다. 그런데도
이웃 나라의 백성이 줄지도 않고 내 백성이 늘지도 않습니다.
왜 그럴까요?"

맹자가 대답했습니다. "임금님께서 전쟁에 관심이 많으시니 전쟁으로 비유하겠습니다. 전쟁을 시작하는 북소리가 울리고 칼과 칼이 맞부딪치자 일부 병사는 겁이 나서 도망을 갔습니다. 어떤 사람은 백 보를 달아나고 어떤 사람은 오십 보를 달아났습니다. 이때 오십 보를 달아난 사람이 백 보 달아난 사람을 보고서 비겁한 사람이라고 비웃는다면 어떻겠습니까?"

혜왕이 말했습니다. "당연히 비웃어서는 안 되지요. 백 보를 달아난 것은 아니지만 똑같이 달아났지 않습니까?"

맹자가 말했습니다. "임금님께서 이 이치를 알고 계신다면 어떻게 이웃 나라보다 백성이 더 많아지기를 바라십니까?"

결국 정도의 차이일 뿐
본질은 같다

이 이야기는 유명한 '오십 보 달아난 사람이 백 보 달아난 사람을 비웃다五十步笑百步' 하는 고사성어의 유래입니다. 오십 보나 백 보나 양적인 차이는 있을지언정 질적인 차이는 없습니다.

달아난 이상 두 사람 모두 겁쟁이입니다.

위나라 혜왕은 다른 나라의 왕보다 백성을 조금 덜 착취했을지는 몰라도 백성을 못살게 굴었다는 점에서는 차이가 없습니다. 만일 위나라 혜왕이 정말로 나라를 사랑하고 백성을 아낀다면 다른 나라 왕보다 조금 덜 착취하는 데 만족하지 말고 근본적으로 백성을 위한 정치를 해야 합니다.

바퀴장이가
독서를 논하다

제나라의 임금인 환공이 당 위에서 책을 읽고 있는데 그 아래에서 수레바퀴를 만드는 기술자 편이 나무를 깎아서 바퀴를 만들고 있었습니다. 그는 정신을 집중하여 책을 읽고 있는 임금을 보자 자기도 모르게 호기심이 발동하여서 끌과 망치를 내려놓고 당 위로 올라가서 물었습니다.

　"임금님께서는 무슨 책을 읽고 계십니까?"

　"성인이 쓰신 책이라네."

　"그 책을 지은 성인이 아직도 계시나요?"

　"벌써 돌아가셨지."

"그렇다면 임금님께서 읽고 계시는 책은 옛 사람의 찌꺼기에 지나지 않는군요."

환공은 갑자기 버럭 화를 내며 이렇게 말했습니다. "내가 책을 읽는데 너 같은 백정이 뭘 안다고 감히 지껄이느냐? 납득할 만한 이유를 대면 살려주겠지만 그렇지 않으면 가만두지 않을 것이다."

"좋습니다." 편은 조용히 대답했습니다. "제겐 바퀴 깎는 기술밖에 없으니 바퀴 깎는 일로 말씀드리지요. 나무를 깎아서 바퀴를 만들 때 튼튼하고 단단하게 이지러진 데 없이 둥글게 만들려면 아주 숙련된 기술이 필요합니다. 예를 들어 바퀴살과 바퀴통 사이를 너무 깎으면 끼워 맞추기는 쉽지만 느슨해져서 튼튼하지 않습니다. 조금만 덜 깎으면 빡빡하여서 끼워 넣을 수 없지요. 이 때문에 바퀴통에 살이 꼭 맞도록 깎는 기술에는 조금도 오차가 없어야 합니다. 이런 기술은 손으로 터득하여서 마음으로 따르는 겁니다. 이처럼 숙련된 기교는 오랜 작업을 통해 길러지는 것이지 말로 할 수 없습니다. 말로써 제 자식놈에게 가르칠 수 없고, 제 자식놈도 말로 가르침을 들어서 제 기술을 이어받을 수 없습니다. 그 덕분에 저는 올해 일흔인데도 아직 여기서 바퀴를 깎고 있답니다. 이렇게 보면 성인은 벌써 죽었고 그가 남긴 책 몇 권도 옛것이니 임금님께서 읽으시는 그 책이 옛 사람의 찌꺼기가 아니고 무엇이겠습니까?"

말 한마디에
집착하지 않을 것

훌륭한 책은 선인들의 지혜와 지식의 결정입니다. 우리는 흔히 그렇게 생각합니다. 그러나 책을 통해 지식을 얻을 수는 있지만 체험과 실천을 통해서 지식을 내 것으로 만들지 못하면 지식은 결국 찌꺼기일 뿐입니다. 참된 진리는 말과 논리로 설명하고 전달할 수 없습니다. 내가 직접 체험을 통해서 터득해야 합니다.

원래 이 우화는 '말은 뜻을 다 전달할 수 없다'라는 사상을 담고 있습니다. 사람이 말을 통해 뜻을 전달할 수밖에 없지만 말은 뜻을 남김없이 그대로 전달하지는 못합니다. 말은 뜻을 전달하기 위해 필요한 수단이기는 하나 충분한 수단은 아닙니다. 그런데도 말에만 집착하니 말은 점점 늘어나게 됩니다. 결국 말이 늘어날수록 뜻에서 더 멀어집니다. 대표적인 예시가 오늘날의 인터넷 댓글입니다. 이를 읽어보면 말의 속뜻이나 맥락을 알지 못하고 겉으로 드러난 표현에만 얽매어서 서로 상대방의 말을 곡해하여 비판을 하거나 말싸움을 하는 일이 흔하디흔합니다.

소가 불쌍하니
양으로 바꾸어라

제나라 선왕이 당 위에 앉아 책을 보고 있자니까 구실아치(벼슬

아치 밑에서 일을 보는 사람)가 황소 한 마리를 잡아끌고 당 아래를 지

나가고 있었습니다. 황소는 부들부들 떨면서 끌려가지 않으려

고 발버둥질을 하고 있었습니다. 선왕이 그 광경을 보고 책을

내려놓으며 물었습니다.

"소를 어디로 끌고 가느냐?"

구실아치가 대답했습니다. "종을 새로 만들었는데 이 소를

죽여서 피를 받아 종에 칠하려고 합니다."

선왕은 소가 겁에 질려 떠는 모습이 안되어 보였는지 이렇게 말했습니다.

"소를 놓아주어라. 불쌍한 모습을 차마 못 보겠다. 죄도 없는데 사지로 끌고 가는 것은 차마 못할 일이다."

구실아치가 물었습니다. "소를 놓아주면 종에 피를 칠하는 일은 그만두는 겁니까?"

"그만둘 수야 있겠느냐?"

선왕은 잠시 생각하더니 이렇게 말했습니다. "그러면 양으로 바꾸도록 하라."

군주의 그릇은
달라야 한다

맹자는 백성을 사랑하는 정치를 펴도록 선왕을 설득하려고 제나라에 왔습니다. 그런데 무슨 말로 설득할까 고민하다가 선왕에게 일어났던 이 일을 떠올려 예를 든 다음 왕에게 이렇게 말했습니다.

"이런 마음씨만 있으면 참으로 왕 노릇을 할 수 있습니다. 백성은 이 이야기를 듣고서 임금님께서 소가 아까워 양으로 바꾸라고 했다고 하지만 저는 임금님께서 소가 부들부들 떨면서 끌려가는 모습을 차마 보지 못했기 때문임을 알고 있습니다."

그러자 제나라 선왕이 대답했습니다. "저도 백성이 그렇게 말한다는 것을 들어서 알고 있습니다. 그러나 제나라가 아무리 작다 한들 소 한 마리를 아끼겠습니까? 다만 죄 없이 부들부들 떨면서 사지로 끌려가는 모습을 차마 보지 못해 양으로 바꾸라고 한 것입니다" 하고 말했습니다.

맹자는 바로 이런 마음씨가 백성을 사랑하는 정치를 하는 방법이라고 하면서 제나라 선왕을 격려하였습니다.

소가 떨면서 끌려가는 모습이 불쌍하다고 양으로 바꾼다면 양인들 불쌍하지 않을까요? 선왕은 얼떨결에 소를 양으로 바꾸라고 했지만 양도 죽기 싫어하기는 마찬가지입니다. 그런데 왜 맹자는 선왕의 이 마음을 중요하게 여겼을까요?

첫째, 관념으로 판단하기보다 현상과 실제를 근거로 해야 더 직접적이고 구체적으로 상황을 판단할 수 있기 때문입니다. 왕은 소가 떠는 모습은 직접 보았지만 양이 떠는 모습은 보지 못했기 때문에 소에게는 연민을 느끼고 양에게는 아무런 연민을 느끼지 못했던 것입니다.

둘째, 왕에게 본래 연민의 감정이 있었기 때문입니다. 상대를 가엽게 여기는 마음이 조금이라도 있다면 그것을 미루어서 백성의 고통에 대해서도 연민을 품을 수 있습니다.

바로 이런 논리적 근거로 맹자는 제나라 선왕에게 왕도를 실천하여서 참다운 왕 노릇을 할 수 있다고 격려하였습니다. 그러나 맹자의 말은 격려에서 그치지 않고 본래 하고자 했던 말로 이어집니다. 연민의 정이 짐승에게는 미치면서 인민에게는 미치지 않는 까닭이 뭐냐고 준엄하게 꾸짖는 내용입니다. 동물을 사랑할 줄 알면 인민은 당연히 사랑해야 하지 않겠습니까? 현대 사회에서도 부잣집 애완동물의 팔자가 달동네 어린이들 팔자보다 백배 천배는 더 낫다는 말이 있지 않습니까? 무릇 지도자라면 백성을 아끼고 그들을 위하는 마음으로 정치를 펼쳐야 합니다.

창랑의 물이 맑으면,
창랑의 물이 흐리면

어느 날 공자가 제자들과 학문을 논하고 있었습니다. 그때 옆
집에서 어떤 아이가 노래를 불렀습니다. "창랑의 물이 맑네! 내
갓끈을 빤다네. 창랑의 물이 흐리네! 내 발을 씻는다네."

마침 자기 수양을 주제로 논하고 있던 공자가 얼른 제자들에
게 말했습니다. "얘들아, 저 노래를 들어보렴. 물이 맑으면 갓끈
을 빨고 물이 흐리면 발을 씻는다고 하지 않느냐."

제자들이 무슨 뜻인지 묻자 공자가 대답했습니다. "물이 맑
으면 사람들이 와서 소중한 갓끈을 빨지만 물이 흐리면 더러운
발을 씻는 법이지. 사람들이 갓끈을 빨거나 발을 씻는 것은 모

두 창랑의 물이 스스로 불러들인 것이란다."

잘잘못은
모두 나 자신에게 달린 법

내가 깨끗하면 남도 나를 깨끗이 대하고, 내가 더러우면 남도 나를 더럽게 대합니다. 내가 나를 존중하면 남도 나를 존중하고, 내가 나를 하찮게 여기면 남도 나를 하찮게 여깁니다. 문제의 원인은 나 자신에게 있습니다. 남들이 나를 대하는 방식은 내가 스스로 불러들인 것, 자취自取랍니다.

이 이야기는『맹자』라는 책에 나옵니다. 공자나 맹자가 살던 시대에 이 노래는 꽤나 유행했던 노래였나 봅니다. 전국시대에 남쪽 초나라의 귀족이며 문인인 굴원의 이야기에도 이 노래가 나옵니다.

굴원이 나라를 위해 충성을 바치다가 억울하게 참소를 입고 추방을 당하여서 초췌한 몰골로 강가를 방황하였습니다. 지나가던 어부가 굴원을 알아보고 추방을 당한 까닭을 물었습니다.

굴원이 혼탁한 세상에서 모두 의식이 취해 있는데 혼자 깨어 있다가 추방을 당하였다고 말하였습니다. 그러자 어부가 모두 취해 있으면 혼자 술지게미라도 먹고 취한 척이나 하지 그랬느냐고 핀잔합니다. 그러고서 노로 뱃전을 두드리며 이 노래를 부르면서 사라집니다. 어부는 굴원에게 외부의 상황에 맞춰서 대처하라는 뜻으로 이 노래를 불렀습니다. 상황이 맑으면 맑은 대로, 흐리면 흐린 대로 그 상황에 맞춰 나가라는 말입니다. 맹자의 해석과는 정반대입니다. 맹자는 물을 주체로 보았기에 물이 맑으면 사람들이 깨끗한 갓끈을 씻고, 물이 흐리면 더러운 발을 씻는다고 했습니다. 곧 물의 상태에 따라 사람들이 달리 대한다는 것이지요. 굴원이 말하는 어부는 갓끈이나 발을 씻는 사람을 주체로 보았습니다. 곧 내가 물의 상태를 보아 거기에 맞게 처단한다는 것입니다.

나무 까치를 만든
공수반

춘추시대 노나라에 유명한 기술자가 있었습니다. 그의 이름은 공수반公輪般인데 사람들은 그를 노반魯班이라고도 불렀습니다.

한번은 공수반이 온갖 정성을 다해 대나무를 깎아서 까치 한 마리를 만들었습니다. 대나무로 만든 까치는 마치 살아 있는 새처럼 파닥파닥 날갯짓을 하며 하늘로 날아 올라갔고 사흘 동안 땅에 떨어지지 않았습니다. 모두가 쳐다봤고 갈채를 보내지 않는 이가 없었습니다. 공수반도 스스로를 대견하게 여기며 이 세상에 자기 솜씨를 따라올 사람이 없을 것이라고 생각했습니다.

그때 묵자가 공수반에게 말했습니다. "그대가 만든 이 까치는 수레굴대의 비녀장만도 못하오."

"어째서 그렇단 말이오?" 노반은 화가 났습니다.

"내 말을 들어보시오. 솜씨 좋은 목수가 세 치 나무 비녀장을 데꺽 깎으면 오십 석이나 되는 짐을 싣고 굴러갈 수 있지만 그대가 고심하여 만든 새는 무슨 쓸모가 있단 말이오?"

"글쎄요." 공수반은 무어라 대답할 수 없었습니다.

묵자가 말했습니다. "어떤 일을 하더라도 사람들에게 유익하면 그 사람은 솜씨가 뛰어나다 하고 쓸모가 없으면 솜씨가 서툴다고 하는 것이오."

실용성을 바라보는
과거와 현재의 차이점

묵자는 공리적이고 실용적인 것을 숭상하여 백성에게 실제로 이익이 되는가, 되지 않는가 하는 것을 가치의 기준으로 삼아서 대나무로 정교한 까치를 만든 공수반의 솜씨를 서툴다고 깎아내렸습니다. 묵자는 음악 공연이나 감상도 비생산적이고 실용적이지 않다고 하여서 비판했고, 엄숙하고 장엄하게 장례를 치르는 것도 낭비라고 지적했습니다. 물론 대부분의 농민과 노동자들이 굶주리고 추위에 떨던 당시 현실에서 묵자의 실용주의는 충분히 가치가 있습니다.

그러나 과거의 이야기는 때때로 지금 시대를 기준으로 다시 봐야 할 필요 또한 있습니다. 오직 공리적이고 실용적인 것만 가치 있다고 할 수는 없습니다. 당장의 실제적이고 실용적인 이익만 가지고서 예술 창작과 과학 기술의 가치를 따질 수는 없습니다. 공수반이 비행 원리를 발견한 것은 기초 연구에 속한다고 할 수 있습니다. 원리와 이론을 탐구하는 일과 이론을 응용하여서 실생활에 필요한 물건을 만들어내는 기술은 서로 다른 영역에 속합니다.

요즘 대학에서는 철학, 문학과 같은 순수 학문이나 회화와 같은 순수 예술 분야의 학과를 통폐합하거나 폐지하고 실용적인 학과를 키우고 있습니다. 대학을 평가하는 주요 항목 가운데 취업률이 있는데, 취업률이 높아서 좋은 평가를 받아야 정부의 지원을 받을 수 있으니 취업률이 낮거나 낮을 수밖에 없는 학과는 통폐합하거나 폐지하여서 상대적으로 취업률을 높이려는 것입니다.

대학은 취업을 위한 교육 기관이 아니라 학문을 연구하기 위한 최고 교육 기관입니다. 대학에서 여러 학문 분야의 토대가 튼튼히 축적되어야 이를 바탕으로 실생활에 적용할 수 있는 응용 기술이 발달하는 것입니다. 학문과 이론은 토대이고 뿌리이며, 응용 과학과 실용 기술은 그 위에 지은 집이자 줄기이고 가지입니다. 토대가 없는 집은 결국 무너지고, 뿌리가 없는 줄기와 가지는 말라버리게 됩니다.

묵자가 염색집 앞에서
깨달은 것

묵자가 염색집 앞을 지나다가 염색장이가 새하얀 명주실을 물감을 푼 커다란 통에 집어넣고 물들이는 모습을 보았습니다. 한참 동안 그 모습을 골똘히 바라보던 묵자가 길게 탄식했습니다. "눈같이 흰 실도 파란 물에 집어넣으면 파랗게 물들고 노란 물에 집어넣으면 노랗게 물드는구나. 물감에 따라 실의 빛깔도 달라질뿐더러 다섯 번 물들이면 다섯 번이나 빛깔이 바뀐다. 그러니 염색할 때는 조심하지 않으면 안 되겠구나. 실을 물들이는 것만 조심할 것이 아니다. 나라를 다스리는 것도 실을 물들이는 것과 같은 이치이다."

좋은 사람 곁에
좋은 사람이 모이는 까닭

옛날 서당에서 글을 배울 때 맨 처음 배우는 『천자문』에는 '묵자가 실을 물들이는 것을 보고 슬퍼했다' 하는 뜻을 가진 묵비사염墨悲絲染이라는 말이 나옵니다. 사람은 무엇에 영향을 받는가에 따라 인격이 달라집니다. 착한 사람에게 감화를 받으면 착한 사람이 되고, 나쁜 사람에게 감화를 받으면 나쁜 사람이 됩니다. 그런 점에서 정치든 교육이든 간에 환경을 바르게 조성하는 것이 중요합니다. 사람이 한 사회에서 태어나 시민의 한 사람으로 성장하기까지는 그가 태어나 자라는 환경이 무엇보다도 중요한 것입니다.

교육에서 환경 결정론은 아직도 중요한 비중을 차지합니다. 맹자를 잘 기르기 위해 세 번 이사했던 맹자의 어머니와 자식을 명문 학교에 보내려고 이른바 좋은 학군으로 이사하려는 오늘날 우리 어머니들의 교육 철학이 같은지 다른지는 모르겠지만 환경을 중요시했다는 점에서는 같다고 할 수 있겠지요. 우리 속담에도 '먹을 가까이하면 검어진다' 하는 말이 있답니다.

잘록한 허리를
좋아한 초나라 왕

옛날 초나라 영왕은 허리가 가는 관리를 선호했습니다. 그래서 관리가 되려는 사람은 죽을힘을 다해 허리를 가늘게 하려고 노력했습니다. 하루에 한 끼만 먹고 숨을 깊이 내쉬고 한참 동안 참은 다음 허리띠를 졸라맸습니다. 이처럼 눈물겨운 노력을 했기 때문에 관리들은 벽을 짚고서야 겨우 일어날 정도였습니다. 1년이 지나자 조정의 모든 관리들은 얼굴이 누렇게 떴습니다.

권력자의 기호가
사회에 미치는 막대한 영향

이 우화와 비슷한 이야기가 두 편 더 있습니다. 하나는 진나라 문공이 허름한 옷을 좋아하여서 모든 관리들이 허름한 옷을 입고 다녔다는 우화입니다. 다른 하나는 월나라 왕의 이야기입니다. 내용은 다음과 같습니다. 왕이 용감한 사람을 좋아하여서 용사들을 엄격하게 훈련시켰습니다. 하루는 사람을 시켜서 배에 불을 지르게 했습니다. 그런 다음 훈련을 받은 용사들에게 월나라의 보물이 전부 배 안에 들어 있다고 하며 왕이 몸소 북을 치고 격려하였습니다. 모든 용사들이 앞뒤 돌아보지 않고 뛰어들어서 불에 타 죽은 사람이 백 명이 넘었습니다. 왕은 그제야 징을 울려 용사들을 물러나게 했습니다.

이 우화 세 편은 모두 권력이 왕 한 사람에게만 귀속되어 있던 고대 전제 국가에서는 왕의 기호가 그대로 유행과 풍속이 된다는 사실을 잘 보여줍니다. 권력에 의지해 사는 관리들은 왕이 좋아하는 것을 필사적으로 따르려고 합니다. 요즘도 윗자리에 있는 사람, 남을 가르치는 사람 가운데에는 종종 자기의 개인적 기호를 은연중에 남에게 강요하는 이들이 있습니다. 아랫사람 가운데도 윗사람의 눈에 들려고 개성과 주체 의식을 버리고 맹목적으로 윗사람의 기호를 따르려는 이들이 있습니다. 이런 풍조를 그대로 방치하면 사회적으로 큰 문제가 됩니다. 윗사람의 뜻을 따르든 반대하든 간에 먼저 객관적 정황에 비추어서 주체적으로 신중하게 판단하고 행동하는 것이 우선되어야 합니다.

떡을 훔친 사람,
땅을 훔치려는 사람

노양이라는 땅의 임금인 문군이 이웃의 송나라와 정나라 땅을 넘보고 있었습니다. 이 사실을 알고 묵자가 노양의 문군을 찾아가서 말했습니다. "여기 어떤 사람이 있습니다. 그 사람은 소와 양, 돼지 같은 가축을 많이 갖고 있습니다. 요리사에게 말만 하면 어떤 고기든지 원하는 대로 잡아서 실컷 먹게 요리를 해 줍니다. 그런데도 옆집에서 떡을 하는 것을 보더니 눈독을 들이다가 그것을 재빨리 훔쳐 먹었습니다. '나도 떡 맛을 봐야지' 하면서 말입니다. 이 사람은 떡이 욕심나서 그렇게 했겠습니까, 아니면 타고난 도벽이 있어서 그렇게 했겠습니까?"

문군이 대답했습니다. "틀림없이 도벽이 있었던 게지요."

묵자가 말했습니다. "초나라는 사방 황무지가 드넓어서 이루 다 개간할 수 없을 정도이며, 못과 산을 관리하는 사람이 수천 명이 넘어서 산과 못에서 나는 산물을 다 쓸 수 없을 지경입니다. 그런데도 송나라, 정나라 같은 작은 나라의 땅을 보고 눈을 번뜩이며 군침을 흘리면서 집어삼키려고 합니다. 떡을 훔친 사람과 뭐가 다르겠습니까?"

문군이 말했습니다. "떡을 훔친 사람과 다를 게 없습니다. 실은 도벽이 있어서 그런 것입니다."

만족을 모르는
끝없는 탐욕

노양문자 魯陽文子라고도 불리는 노양의 문군은 초나라 평왕의 손자입니다. 땅이 산의 남쪽에 있거나 강의 북쪽에 있으면 양陽이라 하는데 노양은 노산 魯山의 남쪽에 있기 때문에 이런 이름이 붙었습니다. 서울을 옛날에는 한양이라고 하였는데 바로 한

강 북쪽에 있는 땅이라는 뜻이지요. 초나라 혜왕惠王이 노양문자에게 양梁 땅을 주었는데 문자가 굳이 사양하여서 노양을 주었다고 합니다. 그래서 노양문자라고 합니다.

묵자의 주장을 삼단논법으로 정리하면 다음과 같습니다.

대전제 : 자기가 가진 것이 넉넉한데도 남의 것을 훔치는 자는 도벽이 있는 자이다.

소전제 : 초나라는 땅이 넓고 가진 것이 풍부한데도 이웃의 송나라와 정나라 땅을 집어삼키려고 했다.

결론 : 따라서 초나라는 도벽이 있는 나라이다.

묵자는 조리 있게 따져서 문군을 꼼짝 못하게 만들었습니다. 부족한 것을 채우려고 하거나 없는 것을 가지려고 하는 욕구는 누구나 가지고 있습니다. 그러나 욕구가 지나쳐서 욕심을 부리고 탐욕을 부리기까지 하면 큰 문제가 되지요. 더구나 도벽은 정신병의 하나입니다. 이를 보면 아무것도 가지지 못한 사람이 하나를 가지려고 하는 욕구보다 아흔아홉 가지를 가진 사람이 하나를 더 가져서 백을 채우려는 욕구가 더 큰 것 같습니다.

고대 이스라엘의 왕 다윗은 우리아라는 장수의 아내가 탐이 나서 우리아를 위험한 전쟁터에 내보내 죽게 만들고, 그의 아내인 밧세바를 빼앗았습니다. 그러자 선지자 나탄이 찾아와서 다음과 같은 이야기를 하였습니다.

어떤 성읍에 부자와 가난한 사람이 이웃하여 살았습니다. 가난한 사람에게는 양 한 마리가 전재산이나 마찬가지였습니다. 이 사람은 양을 애지중지하여 아이들과 같이 키우고 함께 먹고 마시고 잠자리에서도 안고 자서 마치 딸처럼 여겼습니다. 부자에게 한 나그네가 찾아왔습니다. 부자는 자기의 수많은 소와 양을 잡기가 아까워서 가난한 이웃사람의 어린 양을 빼앗아서 잡아서 나그네를 대접하였습니다.

이 예화를 들은 다윗이 발칵 분노를 터뜨리며 그런 사람은 마땅히 죽이고 양을 네 마리로 갚아주어야 한다고 하였습니다. 나탄은 다윗에게 그 부자가 바로 당신이라고 지적하였습니다. 이 말을 들은 다윗은 그제야 자기의 추악한 죄를 깨닫고 옷을 찢으며 잿더미에 앉아 죄를 참회했다고 합니다.

나라든 개인이든 제가 가진 것에 만족하고 이웃과 더불어 가진 것을 나눌 줄 아는 일이 너무나 어려운 일인 듯합니다.

이웃집 어르신의
몽둥이질

어떤 마을에 성질이 아주 못된 젊은이가 있었습니다. 아버지가 온갖 방법으로 꾸짖기도 하고 달래도 보았지만 도무지 말을 듣지 않았습니다. 견디다 못한 아버지가 매를 들고 아들을 때리며 훈계했습니다. 이것을 본 이웃집 어르신네도 몽둥이를 들고 나와 그 젊은이를 마구 때렸습니다. 아버지와 아들은 어이가 없어서 이웃 어르신을 쳐다보았습니다.

어르신은 몽둥이질을 하면서 이렇게 말했습니다. "내가 자네를 때리는 것은 자네가 미워서가 아니라 자네 아버지의 뜻을 따르기 위해서라네."

주제넘은 개입

노양의 문군이 정나라를 치려고 하자 묵자가 문군을 찾아가서 노양 땅 안에 있는 큰 도시가 작은 도시를, 큰 집안이 작은 집안을 공격해서 사람을 죽이고 재물을 빼앗는다면 어떻게 하겠느냐고 물었습니다. 문군이 대답하기를, 노양 땅은 모두 내 땅이니 내 땅 안에서 분쟁이 일어난다면 반드시 직접 처벌하겠다고 하였습니다.

그러자 묵자는 중국 땅 전체는 하늘의 관점에서 보면 한 나라나 마찬가지여서 노양 땅이든 정나라 땅이든 간에 모두 한 나라 안에 있는 도시와 같으니 문군이 정나라를 공격하면 하늘이 반드시 처벌할 것이라고 했습니다. 그러자 문군은 자기가 정나라를 치는 것은 하늘이 정나라의 잘못을 처벌하는 일을 돕는 것이라 했습니다. 정나라는 2대에 걸쳐서 군주를 죽인 나라였기 때문입니다. 그러자 묵자는 위의 우화를 이야기하여서 문군을 설득하여 정나라를 공격하지 못하게 했습니다.

남의 잘못을 바로잡는 것은 좋은 일이지만 아무나 주제넘게 나서서는 안 됩니다. 잘못을 바로잡을 책임이 있는 사람만

이 할 수 있는 일이기 때문입니다. 어떤 나라가 국제 질서를 어지럽히고 자기 나라 인민을 착취한다고 하여서 다른 강대국이 마음대로 그 나라에 쳐들어가서 권력자를 바꿀 수는 없습니다. 한 나라 안의 정치는 그 나라 인민의 책임과 권리에 속해 있습니다. 그리고 특정 나라가 함부로 국제 질서를 어지럽히면 유엔에서 공식적으로 논의하여 나라 간의 합의를 이끌어내서 처리해야 하는 것입니다.

아무리 그럴듯하게 명분을 내세우더라도 전쟁은 철저하게 전쟁을 하는 나라들의 이해관계가 얽혀 있습니다. 문군도 정나라를 공격하는 목적이 실은 자기 나라의 이익을 위한 것이라고 노골적으로 밝혔더라면 논리에 궁색하지는 않았을 것입니다. 그러나 국제 질서를 바로 잡기 위함이니, 세계 평화를 위함이니 하는 눈 가리고 아웅 하는 식의 명분을 내걸었기 때문에 도리어 묵자의 논박을 이기지 못했습니다.

자하의 자긍심

공자의 제자 자하는 집안이 가난해서 늘 낡은 옷을 입고 다녔습니다. 심지어 어떤 때는 너무 낡아서 늘어진 메추라기 깃처럼 너덜너덜한 옷을 입고 다닐 때도 있었습니다. 그래도 자하는 전혀 부끄러워하거나 창피해하는 기색이 없었고 아무리 부귀한 사람과 만나도 기죽지 않고 당당했습니다.

자하의 재능을 아끼는 어떤 사람이 자하에게 물었습니다. "선생님 정도의 재능이라면 충분히 벼슬을 할 수 있을 텐데 왜 벼슬을 하지 않습니까? 그러면 살림살이도 필 텐데 말입니다."

자하가 이렇게 대답했습니다. "충고는 고맙소. 그러나 이대로도 나는 만족합니다. 아무리 제후라고 하더라도 나를 교만하게 대하면 나는 그의 신하가 되지 않습니다. 대부라고 하더라도 나를 교만하게 대하면 나는 두 번 다시 그를 만나지 않습니다. 노나라의 유하혜는 성문이 닫힌 뒤 돌아다니는 범법자들과 똑같은 옷을 입고 다녔지만 전혀 의심을 받지 않았답니다. 그의 명성이 하루 이틀만에 퍼진 것이 아니기 때문이지요. 벼슬로 생기는 손톱만 한 이익을 두고 다투다가는 끝내 손을 몽땅 잃어버릴 수도 있지요.”

지조를 지켜 얻은
소박하지만 품위 있는 삶

가난은 불편한 것이기는 해도 수치스러운 것은 아닙니다. 특히 적당히 처신하면 부귀해질 수 있다 해도 자기 지조를 지키기 위해 가난을 선택하는 것은 오히려 떳떳하고 자긍심을 갖게 하는 것이기도 합니다. 아무리 소비 능력이 그 사람의 역량을 표시하는 자본주의 사회라지만 인간의 품위를 지키는 일도 중요합니다. 가난하면서도 도를 즐기고 빈곤하면서도 도를 지킨다는 말은 바로 인간으로서의 품위를 지키는 일을 말하는 것이 아닐까요?

순자는 이 예화를 두고 이렇게 말했습니다. "자기의 행동이 불완전함을 깨닫지 못하는 사람은 말을 함부로 한다. 옛날에 현명한 사람은 보통 사람과 같이 천하고 가난하게 살며 범벅과 죽도 배불리 먹지 못하고 다 헤진 거친 옷조차 갖춰 입지 못하더라도 예가 아니면 나아가지 않았고 의롭지 않으면 받지 않았다."

늘 겸허하게 자기를 성찰하고 당당하게 자기 품위를 지킨다면 멋진 사람이 될 수 있지 않을까요?

증자와 생선

증자가 어느 날 생선을 먹었는데 그 생선이 커서 다 먹지 못하고 남겼습니다. 남은 생선으로 "국을 끓여두어라" 하고 시켰습니다.

제자가 말했습니다. "선생님, 국을 끓여두었다가 식으면 상하기 쉽습니다. 다른 사람이 그걸 잘못 먹고 피해를 보는 수가 있습니다. 차라리 절여두는 것이 좋겠습니다."

증자가 그제야 깨달았다는 듯 눈물지으며 말했습니다. "내가 나쁜 마음으로 국을 끓여두라고 했겠느냐? 상한 국을 먹고 타인이 피해를 볼 수 있다는 말은 이제야 들어서 알았구나!"

모르면
배우면 된다

알려고만 하면 알 수 있는데도 알려고 하지 않는 것은 악이지만 무지無知가 악은 아닙니다. 그러나 무지는 의도하지 않은 잘못을 범하기 쉽습니다. 누구나 모든 일을 다 알 수는 없습니다. 모르는 것이 있으면 적극적으로 배우고 새로운 지식을 받아들이려는 자세가 중요한 것이지요. 증자가 눈물을 흘린 것도 자기의 무지를 그만큼 뼈저리게 느꼈기 때문이 아닐까요? 아무리 작은 일이라도 모르면 모른다고 인정하고 새로운 지식과 정보를 받아들이려는 열린 자세가 중요합니다.

묵자와 한비자

묵자는 춘추전국시대 제자백가로 일컬어지는 사상가들 가운데에서도 아주 수수께끼 같은 인물입니다. 언제 태어나서 언제 죽었는지 정확히 알려진 바는 없으나 대략 춘추 말에서 전국 초에 활동했던 사상가로 추정합니다. 기술자나 협객이었다는 주장도 있고 심지어 묵형이라는 형벌을 받은 사람이라고 하는 설도 있으나 대체로 평민 출신으로 알려져 있습니다.

묵자의 사상을 담은『묵자』에는 그의 고유한 사상과 함께 묵자의 제자, 후기 묵자학파의 학설과 사상이 함께 들어 있습니다. 특히「묵경」을 비롯하여 후기 묵자학파의 저술에는 논리학,

광학, 우주론, 수학, 군사학, 기계학 등 다양한 자연과학적 연구 성과와 학설이 수록되어 있어서 전국시대 중국 과학기술의 수준을 살펴볼 수 있는 중요한 자료가 됩니다.

묵자의 사상은 당시 여러 사상에 견주어볼 때 사회의 생산 계층인 일반 인민대중의 권익에 더욱 관심을 가졌습니다. 묵자 학파는 한 사람의 뛰어난 스승을 중심으로 여러 제자들 무리가 모여서 이루어진 단순한 학술 단체가 아니라 비밀결사나 용병 과도 같은 군대 조직을 이루었다고 합니다. 거자라는 우두머리 를 중심으로 부대 단위를 이루어서 각축을 벌이는 여러 나라의 전쟁에 참전하여 방어전을 펼치기도 했고, 상명하복의 철저한 위계질서를 갖추고서 엄격한 규율을 지켰다고 합니다.

묵자는 원래 유학을 공부하였으나 유학이 가르치는 예법이 너무 번거롭고 비효율적이고 비생산적이어서 사회 현실에 맞 지 않다고 생각했습니다. 예법을 익히고 실행하려면 많은 시간 과 비용이 들기 때문에 농업 생산을 방해하고, 재물을 낭비하여 백성을 가난하게 만들 뿐이라고 보았습니다. 묵자도 당시 사상가들과 마찬가지로 전란을 하루빨리 그치게 하고, 평화로운 세상이 이루어지를 바라며 사상 활동을 펼쳤습니다. 그리하여 검소하고 실용적인 생활을 이상적인 삶의 형태로 여겼습니다. 복잡하고 엄격한 격식에 따른 삼년상의 장례를 비판하고, 비생산적인 음악의 향유를 반대하였으며, 봉건 귀족의 허례허식과 사치에 강하게 반발하였습니다. 그 대신 노동의 가치를 높이고 근검절약을 내세우며 철저한 금욕 생활을 추구하였습니다.

　묵자는 천하의 이익을 증진하고 천하의 해악을 제거하는 일을 사상의 목표로 삼았습니다. 천하의 이익을 증진하는 주체는 농민과 노동자입니다. 그들의 안정된 삶을 확보해야 천하의 생산 활동을 할 수 있습니다. 그리하여 노동하는 인민들끼리의 연대와 생계 부조를 무엇보다 중시하였습니다. 묵자의 사상은 흔히 보편적 사랑과 공리주의로 요약됩니다. 인민들 간의 보편적 사랑과 연대를 일컬어 겸상애兼相愛 또는 줄여서 겸애兼愛라 하고, 공리주의를 일컬어 교상리交相利 또는 줄여서 교리交利라 고 합니다.

당시 인민의 일상생활을 무너뜨리는 가장 커다란 근본원인 은 전쟁이었습니다. 전쟁은 농경 생산의 모든 요건을 송두리째 앗아갑니다. 농사를 지을 시기, 농사를 지을 사람, 농사를 지을 땅, 농사를 지을 동안 먹을 식량을 모두 전쟁이 삼켜버립니다. 전쟁이 끝난 뒤에도 오랫동안 농사를 지을 토지를 복구할 수 없고, 농사를 지을 사람조차 확보할 수 없습니다. 그래서 묵자 는 전쟁을 아주 강력하게 반대하였습니다. 심지어 부국강병을 추구하는 강한 나라가 약한 나라를 집어삼키려고 전쟁을 일으 키려 하면 약한 나라에 가서 목숨을 걸고서라도 싸워서 전쟁을 막아내려고 하였습니다.

묵자와 그 학파 사람들이 얼마나 열심히 노동 생산과 사회적 실천에 몰두하였으면 당시 '묵자네 연통은 검어질 겨를이 없다', '묵자가 앉은 자리는 따스해질 틈도 없다' 하는 속담이 생길 정도였고, 맹자도 묵자는 겸애를 주장하며 머리끝부터 발꿈치까지 털이 다 닳아 없어지더라도 천하를 이롭게 하는 일이라면 기꺼이 달려들었다고 평가하였습니다. 장자도 묵자를 정말로 천하를 사랑한 사람이라고 탄복하였습니다. 그러나 순자는 묵자의 노동 실천을 중시하고 검소와 실용을 추구하는 사상이 '일꾼의 도'라고 비평하였습니다.

순자의 비평이 박한 듯 보이지만 이는 묵자 사상의 특징을 잘 보여줍니다. 묵자야말로 신분과 계층 질서가 지배하던 시대에서 노동의 가치를 긍정하고 높이 산 사상가라는 것입니다.

전국칠웅의 하나인 한나라의 공족 출신 **한비자**(기원전 280~233)는 법가의 이론을 집대성한 전국 말기의 사상가입니다. 법가는 전국시대 사상 가운데 대표적으로 당시 전란의 상황에서 역사 발전의 추세를 파악하였습니다. 혈연적 연대를 이념으로 삼은 봉건 체제의 혈연 의식이 점차 희박해지고, 중앙 권력의 구심력이 약해짐에 따라 지방에 흩어져 있는 여러 제후국들이 저마다 영토를 확장하고 국부를 증진하며 국력을 강화하였습니다. 이런 부국강병의 흐름은 필연적으로 제후국 사이의 영토 분쟁을 불러일으키고 마침내 중국 세계 전체가 전쟁의 소용돌이에 휘말려 들어갔습니다. 이런 전란의 형세는 중국 세계의 통일을 지향하지 않을 수 없었습니다.

서주 봉건 체제의 몰락으로 일어난 급격한 사회 변화 속에서 다른 모든 사상은 사회적 위기의식을 느꼈습니다. 유가는 사회 윤리와 지배층의 교육을 통해 주나라의 옛 예법을 회복하려고 하였고, 도가는 개인의 생명성을 억압하는 문명과 제도를 배격하고 인간 본래의 자연스러움을 회복하려고 하였습니다. 묵가는 노동 인민의 연대와 노동 생산의 증진을 통해 사회 안정을 추구하였습니다. 그러나 법가는 영토 국가로 확장해나가는 제후국 사이에서 끊임없이 일어나는 각축과 경쟁의 정치사회 현실을 냉철하게 인식하고 이를 바탕으로 사회 변화의 방향을 이끌어가려고 하였습니다.

　또한 농업 생산을 증대하고, 전통적인 세습귀족의 권리를 해체하여 효율적인 관료제를 확립하는 동시에 농업 생산과 전쟁을 병행하는 농전정책을 제창하였습니다. 정치적으로는 귀족의 특권을 제한하고 군주의 통치권을 강화하는 군주 중심의 행정 체제를 세우고, 중앙집권적 관료제와 지방행정의 군현제(전국을 군과 현으로 가른 뒤 중앙 정부에서 지방관을 보내어 직접 다스리던 제도)를 실시하려고 하였습니다. 경제적으로는 집단 개간을 바탕으로 하는 공동 생산의 정전제에서 토지 단위로 세금을 부과하는 부세제를 시행하였습니다. 이런 일련의 정책은 매우 효율적이어서 법가 사상을 받아들인 진나라를 삽시간에 부강한 나라로 일어서게 하였습니다.

　한비자는 법가의 사상이 유가 사상보다 세상을 다스리는 데 훨씬 효율적이라고 생각했습니다. 유가처럼 도덕을 바탕으로 나라를 다스리는 것은 작은 사회 공동체에나 가능하다는 것입니다. 대도시가 나타나고 생산력이 급격히 발전해가는 전국시대에는 모든 인민 누구에게나 똑같이 적용되는 공평하고 객관적인 법령을 바탕으로 해야 한다고 보았습니다.

그리하여 한비자는 법을 운용하는 기술을 아주 세밀하게 논증하였습니다. 그는 군주가 관료를 부릴 때 관직의 명칭과 실적을 꼼꼼하게 따져서 정확하게 상과 벌을 시행하고 또한 정치적 의도나 관심을 겉으로 드러내지 말고 상벌의 권한을 확고하게 장악하고 있으면 관료사회가 효율적으로 돌아간다고 주장하였습니다. 상벌이 분명하면 관료와 백성이 분발하여서 일을 하고, 상벌이 분명하지 않으면 군대가 약해지고 나라의 기강이 흐트러진다고 보았습니다. 한비자는 군주 개인의 덕성이나 자질과 상관없이 국가가 행정 시스템에 의해 위에서 아래로 물 흐르듯이 명령이 시행되고 법체계가 운용되는 사회를 꿈꾸었다고 할 수 있습니다.

아주 오래된 서가에서 찾아낸 58가지 지혜의 씨앗

고전의 숲

초판 1쇄 발행 2023년 6월 5일
초판 10쇄 발행 2024년 11월 29일

지은이 김태완
펴낸이 김선준

편집이사 서선행
책임편집 배윤주 **편집2팀** 유채원
디자인팀 정란, 엄재선, 김세민, 김예은
마케팅팀 권두리, 이진규, 신동빈
홍보팀 조아란, 장태수, 이은정, 권희, 유준상, 박미정, 이건희, 박지훈
외주 디자인 김미령 **본문 일러스트** 김태균
경영관리팀 송현주, 권송이, 정수연

펴낸곳 (주)콘텐츠그룹 포레스트 **출판등록** 2021년 4월 16일 제2021-000079호
주소 서울시 영등포구 여의대로 108 파크원타워1 28층
전화 02) 332-5855 **팩스** 070) 4170-4865
홈페이지 www.forestbooks.co.kr

ISBN 979-11-92625-48-5 (43140)

· 책값은 뒤표지에 있습니다.
· 파본은 구입하신 서점에서 교환해드립니다.
· 이 책은 저작권법에 의하여 보호를 받는 저작물이므로 무단 전재와 복제를 금합니다.

(주)콘텐츠그룹 포레스트는 독자 여러분의 책에 관한 아이디어와 원고 투고를 기다리고 있습니다.
책 출간을 원하시는 분은 이메일 writer@forestbooks.co.kr로 간단한 개요와 취지, 연락처 등
을 보내주세요. '독자의 꿈이 이뤄지는 숲, 포레스트'에서 작가의 꿈을 이루세요.